Historias En Rima

Poesía Para: Inspirar, Provocar, Despertar

Alávida
Traducción: Ruy Cosio B.

Copyright © 2023 *Alávida*
Alavida Publishing

Todos los derechos reservados. Ninguna parte de este libro puede reproducirse, almacenarse en un sistema de recuperación o transmitirse de ninguna forma ni comprarse por ningún medio: electrónico, mecánico, fotocopia, grabación, escaneo u otro, con el permiso previo por escrito del autor o editor.

Para consultas o solicitudes, por favor póngase en contacto con el autor en:Traducción: alavidacreative.com *or email:*alavidacreative@gmail.com

ISBN: **978-1-959602-30-9**

Este libro está dedicado a las personas del mundo

CONTENIDO

1. Cuando estoy contigo 1
2. El Infinito y Eterno Ahora................................2
3. Nacido en el lado equivocado de la pista.................4
4. ¡Tú eres el elegido! 6
5. Permita que su alma hable............................8
6. Huellas que me llevan al mar.......................10
7. El Estafador...11
8. La copa de la vida......................................13
9. Mística Urbana...15
10. Quiero ir a donde..16
11. La Danza..20
12. Inspiración..21
13. Doble exposición...24
14. El sarcasmo extremo del mundo moderno.......................26
15. Imagena..28
16. Permítase ser Led.......................................30
17. El viaje de la vida......................................32
18. El largo viaje..34
19. El camino menos transitado..................................36
20. La naturaleza y el misterio..38
21. Manifestaciones de amor y sueños.................39
22. Nacido entero y completo...........................41
23. ¡Hay que viajar!...44
24. Poesía mística..45
25. Buscar más profundamente para encontrar...........47
26. Divagaciones sobre la política y la vida moderna........49
27. Cuando ella baila..51
28. Homo Sapiens..52
29. Un poco sobre mi vida................................53
30. Sé amable...55

31. Tu espacio de silencio....................................56
32. Oda a Gaia..58
33. Conciencia cuántica................................59
34. Hola, viajero...63
35. Jane Doe..65
36. Espera lo Inesperado............................66
37. ¿Qué te dices a ti mismo?....................70
38. Destroza la ilusión y rómpela!..................73
39. Sé un emprendedor................................75
40. Mundo ficticio.......................................79
41. El dilema del rapero..............................81
42. Donde soplan los vientos salvajes..............83
43. Algunos corazones laten como uno solo..............85
44. El lenguaje del corazón..........................87
45. La experiencia......................................88
46. El viaje de la vida...............................89
47. Nacido en este mundo............................92
48. Un trabajo de amor..............................93
49. Los tambores de la revolución....................94
50. La Musa...95
51. Te pregunto y quiero ser feliz..................96
52. Me pregunto..98
53. Historia de amor...................................99
54. Por favor, ¿ayuda a detener todas las guerras?........100
55. Espiritual..101
56. Homenaje a la abeja (Oda a la abeja)........107
57. !Se trata de ti!...................................108
58. Cuan hermoso.....................................109
59. La flecha de Cupido............................110
60. Vamos a lo personal............................111

1. Cuando estoy contigo

Amo en las profundas horas de la noche contigo bailar,
Pues no hay luz que interfiera con nuestro brillar,
Lentamente, nos movemos juntos como agua que fluye,
Y es como si fuéramos energía pura y nada importa o influye.
El tiempo que juntos pasamos, disfrutando los dones que el mundo nos ha dado,
Pequeños besos bajo las cascadas, empapados debajo de un arcoíris dorado…
Pasamos juntos por el infierno y luchamos contra muchas adversidades,
Tuvimos que superar muchas de nuestras propias sombras y verdades,
Estaré junto a ti, en las buenas y en las malas, en lluvia y la tormenta,
Junto contigo es el cielo, debajo de una manta que nos calienta
Las imágenes, los colores y las emociones que compartimos
Las aventuras que asumimos, y todos los obstáculos con los que lidiamos.
El tiempo y el espacio se disuelven, como nieve que la mañana transforma en rocío
¡La vida es mucho más rica y hermosa – cuando estoy contigo!

2. Lo infinito y el eterno ahora

Que sereno, sublime y maravilloso, es el silencio de las cosas al crecer,
Cómo el corazón se revolotea de alegría, y el alma canta y se pone de pie
Los colibrís se posan sobre bellas flores; las mariposas despiertan y sus alas aletean
Cómo las aguas de la vertiente primera resplandecen bajo la luz del sol, haces e imágenes de luz reflejan...

Los rayos del sol juegan a las escondidas entre los vástagos,
Pequeñas aves persiguen a su madre, nadando a través del agua: tomando riesgos
Las luciérnagas bailando bajo la luz de la luna, creando misterio e intriga, asemejan
Los maravillosos colores de la Aurora Boreal en un drama teatral, como si sueños fueran

Como la naturaleza es tan sutil, suave e inamovible, la energía siempre en movimiento no se detiene,
De noche en la oscuridad, a la distancia, unos ojos brillantes te observan y resplandecen...
Llenos de generosidad, abundancia, variedad, pero, ¡cómo las cosas parecen aparecer de la nada y crecen!
La conciencia del agua en movimiento, y el brillo de los cristales que en la nieve aparecen.

Hay una sabiduría interna en la contemplación silenciosa; conectividad a todas las formas vivientes y la humanidad,
Permite que el corazón se abra completamente y a la mente trae tranquilidad.
Del silencio emerge la conciencia plena; susurra al oído, fuerte y claro,

Haciendo un llamamiento a los arquetipos del vidente, chamán, buscador y guerrero alado…

El rompecabezas que llamamos vida tiene piezas faltantes, ¿quién sabe cuál es su significado?
Vivir la vida en el momento presente, corta el cordón umbilical desde las costuras.
El vasto macrocosmos del universo está reflejado en el microcosmo de una sola molécula sin importancia,
Existiendo en todas las formas de vida: desde una ameba unicelular hasta un elefante o galaxia.

La naturaleza opera en este mismo instante – ¡Lo infinito y el eterno ahora!
El místico llamado de la naturaleza –La magia y el milagro me hacen suspirar: ¡es hora!

3. Nació en el lado equivocado del camino

Nació pobre, entre barrios marginales y tugurios, en el lado equivocado del camino,
El hacha siempre olvida los árboles que cortó, pero el bosque no olvida el filo acerino,
Se había desilusionado después de un tiempo, y ya no podía distinguir el bosque de los arboles
Transformado en un ratón dentro de un laberinto – que no tenía queso ni final esperándole...
Como suele suceder en casos como este, en su infancia vivió muchos traumas, Crecimiento atrofiado, licorerías, drogas, violencia y en la familia más dramas.
Se empeñó en romper barreras: fue a la Universidad, consiguió dos turnos y un préstamo escolar,
Pasando clases tiempo completo, tres trabajos a medio tiempo, y, aun así, lo único que podía mostrar era un llamativo celular......
Los árboles que son flexibles se inclinan, son los que sobreviven en el temporal,
Los pájaros que se ponen a trabajar temprano, son los primeros en los gusanos encontrar.

Vivía en una trampa conceptual auto inducida—una prisión que él había creado,
Para liberarse se comprometió a salir, y el llavero esperaba ser robado....
Las ovejas están aterrorizadas por el lobo y al pastor dan por ignorado,
Es el pastor que se esconde detrás de los mandos y camufla su poder como un leopardo.
Cuando llegó a la encrucijada, tomó el camino menos transitado,
Creó su propia economía y éxito; a veces la vida estaba llena de sorpresas y lo dejaban completamente desconcertado.

Las oportunidades abundaban, para la persona que eran abiertas y sabían escucharse,
Para quien pudiera aguantar los golpes, dar la bienvenida a la adversidad, fracasar hacia adelante: ¡caer cien veces y levantarse!

4. El escogido eres Tú

Deja que el amor sea la luz que guía tu camino, tu estrella del norte, que te guíe a tu propio paraíso.

Deja que la intuición te guíe a través de secos desiertos de arena o frondosos bosques de aliso.

Deja que la compasión sea la motivación, que suavemente te empuja y te permite ser bueno y atento.

Ten cuidado con el ego, la noche oscura del alma; ¡Deja de ser arrastrado por las fuerzas del pensamiento!

Permite a tu corazón abrirse, libera tus emociones y deja que a tu vida la guíe tu imaginar,

Permítele brillar a quien en verdad eres, minimiza todas las distracciones y pequeños problemas que puedas encontrar.

Ten cuidado con el ambiente que escoges tanto como con la gente con la que compartes diariamente.

Crea espacios en tu vida cotidiana, aléjate del desorden, se selectivo, di que no, ¡no dejes que otros conviertan tu vida en un infierno viviente!

Detén este delirio, trabajando y estando siempre ocupado, viviendo una vida enfocada en el futuro,

Deja de ser perfeccionista, apegado a grandes metas que solo traerán dolor y sufrimiento oscuro

Respira hondo, céntrate, sé consiente del presente, sé agradecido por lo que la vida te ha dado,

Toma la pastilla roja y sal de la Matrix, sigue el camino y deja de ser el ratón que en una rueda está atrapado…

Deja de pensar que la persona que tanto has esperado vendrá a salvarte: ¡esa persona eres Tú!

Reúne tus fuerzas, tu poder interior, y mira en el espejo: ya es tiempo, el escogido eres Tú

El mañana que nunca llega, la procrastinación, el autosaboteaje: todo aquello es miedo disfrazado

El miedo son mentiras auto-inducidas que te mantienen atrapado en la zona de confort, tu mayor vicio: estar encerrado en una prisión tú has inventado.

Cuando la vida te lance una bola curva, te de limones, haga olvidarte de quien eres y de tristezas te haga testigo,

Añade belleza a tu vida: canta baila, abre tus dones y permítele al mundo compartirlos contigo.

Date el permiso de equivocarte, deja a la luz que hay en ti resplandecer y brillar, Permítete paz, silencio, contemplación, la sabiduría colectiva de los tiempos; mantente conectado y sumergido en el flujo natural...

La vida pasa volando en un abrir y cerrar de ojos, dentro del gran cuadro cósmico, es tan solo una fracción del tiempo y el espacio en plenitud…

Vive tu vida al máximo, comparte tu amor y tus pasiones con el mundo: vive con compasión, alegría, gratitud ....

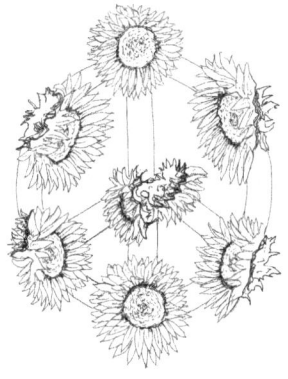

5. Permite a tu alma hablar

Parece que la vida te ha llevado por una montaña rusa y te ha dejado de alguna manera mareado,
Has estado persiguiendo materialismo en 3D como un fantasma hambriento, ¿quizás el panorama de la vida es desolado?
Ser víctima de condicionamiento social, una vida reaccionaria sucediéndote; ¡date cuenta de la futilidad — deja de buscar!
En profunda contemplación, silencio y meditación, ser uno con la Creación: permite a tu alma hablar....
La sabiduría oriental afirma: "Vive una vida de desapego", convertirse en uno con el flujo y movimiento de la existencia
Observa sin resistencia, sin juicios, sin apegos; poderes ocultos sostienen y nutren— te permiten crecer y aprender a conciencia...
Cuando uno se adentra en la meditación, se da cuenta que en la quietud reside el mayor poder,
Todo el universo fractal se puede sentir en la belleza etérea de una flor o un amanecer.
Donde la Conciencia está perfectamente quieta, la ilusión será comprendida.
Porque es la Conciencia misma la que impulsa la ilusión concebida.
Un mundo de energía entrando y saliendo de nuestra realidad se convierte en nuestra conclusión.
¡La Conciencia pura en sí misma es la conductora de toda la ilusión!
Quizás sientas que hay fragmentación, una especie de abismo, muy en el fondo un vacío enorme,
¿Puede ser que tu vida esté desequilibrada, que haya partes que no se conecten, que necesites vivir una vida completa y uniforme?
La mayoría de las veces hay heridas del pasado, sentimientos de separación en lo más profundo de tu alma,

No estás conectando, no estás prestando atención ni escuchando a tu alma que te llama.

Si no te gusta donde estás, no eres un árbol: ¡puedes marcharte, si eso quieres!

Tu vida es una especie de cámara de eco, un reflejo de tus hábitos y de todo lo que crees.

Puedes seducir al tiempo para que sea tu amigo—si no—puede convertirse en tu enemigo,

Antes de que te des cuenta, te preguntarás: ¿dónde ha ido a parar todo el tiempo que llevaba conmigo?

La vida es efímera, se manifiesta en cada momento presente, en un bebé que llora, un adulto estresado o una vieja alma malhumorada,

Todo sucede al mismo tiempo, en el mismo momento, como un sueño que atraviesa la cañada...

6. Huellas en la arena, llevándome al mar

Huellas en la suave arena, llevándome a la costa del océano,
Me esfuerzo y lucho por un cielo más alto, pero a veces no hay como alcanzarlo
Camino a través de la playa, imaginándome a mí misma más allá del tiempo y el espacio
Sintiéndome bendecida por estar cerca del océano y vivir en un lugar tan preciado...

Canalizo creatividad, sano heridas emocionales, termino el sufrimiento y el dolor,
A veces me siento perdida, todo lo que hago por crecer se queda igual: no llego aser mejor.
Después de una larga caminata, llego a casa y dejo mis llaves
Me relajo, escucho música y como frutas como los animales...

Disfruto los rayos de sol, el clima cálido, la salada briza del mar,
Amo mi tiempo a solas, leer, escribir, hacer yoga y con el perro del vecino jugar,
Paseo y disfruto de la majestuosidad de la naturaleza, el suave toque de un retoño floreciendo,
¡Ser consciente y percibir lo bello, el flujo y movimiento, la fuerza, el poder creciendo!

Escucho, percibo, toco, veo, lo siento en mi corazón: la eterna energía innata se quiere expresar ...
Camino por la playa, es justo en el momento en que siento la Luz en mí centellear,
Huellas en la arena, llevándome al mar...

7. El Estafador

Un estafador tuvo que ser, pues a la vida de crimen se vio forzado,
Sin dinero en sus bolsillos, recogía cada moneda y centavo del empedrado.
Amaba la palabra hablada: con ella podía inventarse una rima para todo,
Los policías del vecindario eran sucios, varias veces lo arrastraban por el lodo.
Sus antepasados fueron traídos a este Nuevo mundo— en contra de su voluntad, encadenados,
Vivieron durante generaciones en condiciones horribles—dolores y sufrimientos despiadados.
Todo esto los mantenía bajo un velo de ilusiones, generación tras generación,
Bajo el control de otros, viviendo en adversidad, ignorancia y confusión.
Todo lo que le pedía a la sociedad era una oportunidad con igualdad de condiciones,
Lo que obtuvo, en cambio, fue ser un chivo expiatorio, trauma, culpa y acusaciones.
Sus elecciones eran el entretenimiento, los deportes, o simplemente estafar,
Muy pocos a las grandes ligas lograban entrar, para en un gran castillo poder habitar.
¡Es ridículo ser juzgado por tener más melanina en el cuerpo!
Se dio cuenta que no era el color de su piel—sino aquello que llevaba dentro.
Rechazado de sitio en sitio, denigrado y pisoteado, ¡nunca se dio por vencido!
Desarrolló el coraje para mantenerse firme, resiliencia y un ingenio esclarecido.
Vio que saboteaba sus posibilidades, muchas veces dejaba todo para más adelante,
Se dio cuenta que para las cosas que quería, normalmente llegaba tarde.
Parecía que de la vida solo conseguía lo que toleraba
No tenía una visión para sus días; ¡en sí mismo no creía ni confiaba!
Sentía que era un tipo común, una persona más en la multitud,

Aprendió de un sabio mentor, todo sobre la gratitud...

Aprendió que las personas que viven en casas de cristal no deben, a los demás, piedras tirar,

¡Culpar, avergonzar y quejarse de alguien más, eran simplemente vicios que debía erradicar!

El dolor y el sufrimiento que padeció no intentó negar ni ocultar,

Todas esas grietas en el alma querían aceptar, y por completo mostrar.

La aceptación total de quien era, permitió gradualmente que los traumas pudieran sanar.

Su destino y la mayor parte de sus decisiones— se basaban en un espacio silencioso e inmutable de aquello que podía experimentar.

Dar cuenta de los sueños es una forma de conocimiento, un proceso de expansión de la conciencia,

Saber el sueño con certeza antes de ver su manifestación y real presencia.

Luchando con la espalda contra la pared, la derrota nunca aceptó,

Muchas veces las probabilidades estaban en su contra, ¡pero no retrocedió!

Llevaba siglos entrenando para ser fuerte, pero tener éxito externamente, era su nuevo sueño de superación.

Tenía que despertar y lo hizo. ...expandió su conciencia y alcanzó
la paz interior y la plenitud en conexión.

8. La copa de la vida

Deja que tu copa de vida esté llena y rebose,
Deja que tu alma tome vuelo y tu compasión engrose.
En la vida eres valiente y sales a jugar,
¡O te ocultas en tu zona de confort y ese será tu lugar!
La magia de la vida se encuentra fuera de la zona de comodidad
¡Es el miedo que enfrentas, el miedo que aceptas, el miedo de tu propiedad!
No temas caerte, teme no tratar,
La fuerza y el poder vienen de tu interior, ¡no de lo que intentas negar!
Cuando vives tu vida con propósito e intención,
Cuando eres suavemente jalado hacia adelante, a una visión por extensión,
Verás a la vida de una manera que nadie puede, y quizás se sienta como una contradicción.
Notas que la vida se suaviza, con mucha menos complicación,
Empiezas a vivir a lo grande; todas las preocupaciones y problemas insignificantes han pasado a la extinción.
Atraemos basado en nuestra propia vibración energética emocional,
Lo que vemos fuera de nosotros es simplemente una proyección de nuestro reflejo interior personal.
La fuerza de nuestro lenguaje condiciona y da forma a lo que observamos,
Tenemos la suposición errónea que la realidad es aquello que contemplamos.
En el fondo, la verdad que todos buscamos, no tiene sonidos,
Deriva del silencio de los mundos íntimos...
Céntrate, en sintonía con la vibración de la verdad que aquí se emite
El mensaje puede ser sutil: como la inteligencia innata que agita las hojas de un árbol, ¿estás abierto a abrirte?
No dejes que la vida sea dirigida por el drama externo y el miedo inútil,
Siempre está ahí, el ego aborrece el cambio y quiere impedirlo: ¡fútil!

Cuando el viento susurra en tus oídos, parece que la creación te pide que la acompañes,
Si quieres encontrar el camino de vuelta a casa, debes tragarte tu ego, orgullo y todos tus males.
La felicidad es un estado mental, un estado completo del Ser,
Tiene muy poco que ver con los trofeos, los logros o cosas que puedas saber.
Tienes que decir sí más a menudo a tu intuición, a tu alma y corazón,
De lo contrario, te verás obstaculizado y nunca alcanzarás tu misión.
La tristeza y la pesadumbre te harán prisionero: la vida te pasará facturas,
Todo lo que necesitas es vivir a lo grande y decir sí a todos tus síes, ¡no te reduzcas!
Brilla una luz sobre esto, sentencio, y cuanto más permitas que tu luz brille,
Más brillante e intenso será lo que en mi ilumine….

9. Místicos urbanos

El coche era un Cadillac—antiguo—un clásico,
La pintura era brillante—reluciente—metálico,
La canción que sonaba a todo volumen—psicodélico,
El tipo en el coche, bien vestido—narcisista,
La mirada en su rostro robótica—fatalista,
¡Sinapsis disociativas disparando—caótica—hedonista!
Redes sociales y selfies, querer verse bien—fantástico,
Jóvenes enfocados en lo superficial—adictos a las compras—materialistas.
Carnívoros con sobrepeso devorando un filete sangriento—¡animalista!
La música era genial, armónica— agradable —rítmica,
La letra tenía muchas malas palabras—deshumaniza
Intentos de gánsteres con cadenas de oro, coches costosos: pretendiendo ser—¡místicos urbanos!
Jóvenes atolondrados corriendo por las autopistas—conduciendo—¡ufano!
Tatuajes que se había hecho en la cárcel, en lo más profundo de la piel—masoquista,
La disonancia cognitiva en su versión más caótica—¡psicótica!
Mujeres en posturas de yoga, sudorosas: pretendiendo algo —holístico,
Cómicos Stand-up, muy humorísticos—sarcásticos,
Abucheadores en el público con comentarios groseros —¡sádico!
Vivía en las afueras de la ciudad, en una casa de campo—muy rústico,
Al lado de una autopista que era muy ruidosa—acústico.
Grafitis en las paredes de las autopistas— muy artístico,
Hitos históricos en el centro de la ciudad—icónico—magnífica,
La ciudad se esforzaba por parecer idílica-futurista…

10. Quiero ir donde

Quiero ir donde pueda ver un cielo hermoso nocturno
Quiero ir donde la vía láctea parece un diamante flotando esperando su turno
Quiero ir donde pueda entender las vastas distancias, la inteligencia, el poder
Quiero ir donde pueda sentarme en silencio, despejarme de distracciones y tener una visión para poder entender
Quiero ir donde pueda levantarme con la madrugada
Quiero ir donde pueda bañarme en la magnificencia de la alborada
Quiero ir donde el sol calienta la piel, convierte su color en bronce y la hace brillar
Quiero ir donde la gente corre en el parque, donde los perros pueden correr y juguetear
Quiero ir donde las olas en la playa chocan con las piedras y saben fluir
Quiero ir donde el remanente espumoso de la marea revienta sus últimas burbujas, un leve surgir
Quiero ir donde los volcanes escupen su lava en charcos y las erupciones estallan
Quiero ir donde los terremotos han agrietado la tierra, donde puedo ver los secretos que abajo entrañan
Quiero ir donde haya bosques de gigantes, árboles que han vivido durante milenios, y siguen creciendo en su basteza
Quiero ir donde pueda estirar los brazos y abrazar la naturaleza
Quiero ir donde mi aliento forme pequeñas nubes en el aire que se congelan
Quiero ir donde el cielo es azul turqués y la naturaleza hipnotiza
Quiero ir donde las montañas son encantadoras y hacia arriba se multiplican
Quiero ir donde los pavos reales despliegan sus plumas en tropel
Quiero ir donde el sol hace que la gente se olvide de su hiel
Quiero ir al Polo Sur y ver cómo los pingüinos se deslizan

Quiero ir donde pueda ver como las aves planean en el lago y como suavemente aterrizan

Quiero ir donde la luz del desierto es intensa, con amarillos, ocres y pardos

Quiero ir a un lugar donde sea fresco por la noche y durante el día cálido y el viento sea responsable de la suavidad de las ciudades baldías

Quiero ir donde las mascotas son felices, corriendo y retozando al sol cada día

Quiero ir donde los bebés tiran sus biberones, satisfechos cuando los terminan

Quiero ir a un lugar que sea acogedor, donde se escuchen las risas de los niños: envueltos en juegos y alegría estan.

Quiero ir donde haya jardines comunitarios, una unidad construida desde la base del día a día

Quiero ir a un lugar donde pueda comer alimentos sanos y nutritivos, que sean orgánicos en su mayoría

Quiero ir a un lugar donde la medicina sea real, no sólo tratar los síntomas, así no tengo pánico en ataques

Quiero ir donde los adolescentes son educados, respetuosos y geniales

Quiero ir donde la educación y la escuela tengan enfoques holísticos

Quiero ir donde los adolescentes estén sentados bajo un árbol dándose sus primeros besos

Quiero ir donde se honra a los abuelos y su ausencia es lo que echamos de menos

Quiero ir a un lugar donde se respete la educación, donde no haya una clasificación

basada en exámenes y estandarización

Quiero ir donde la gente viva realmente en libertad, y la libertad no sea un subproducto de la represion

Quiero ir a un lugar donde se respete mi trabajo y se pague justamente

Quiero ir donde la vida sea buena y formar una familia venga naturalmente

Quiero ir a un lugar donde no me juzguen por mi código postal, mi profesión o el color de mi piel

Quiero ir a un lugar donde, quien yo sea, se base en el mérito, y el campo de juego esté nivelado para que todos vivan bien
Quiero ir a un sitio donde viva desde la verdad, en lugar de hacerlo por defecto cultural, un lugar donde pueda seleccionar
Quiero ir donde pueda elegir mi propia vida, reflexionar y reconectar
Quiero ir donde haya pocos rascacielos, autopistas y mega centros comerciales
Quiero ir a donde haya bosques verdes y exuberantes, llenos de pájaros y animales salvajes.
Quiero ir donde la gente hace picnics, mesas llenas de comida, fruta y bebidas
Quiero ir a donde los pueblos reciclan su plástico, limpian su basura diariamente, sin basuras esparcidas
Quiero ir donde la gente vive con sus familias extensas y sus parientes más cercanos
Quiero ir donde los matones se han rehabilitado, han dejado de ser malos
Quiero ir donde las pesadillas son tabúes y no existen
Quiero ir donde se reconocen las sombras psíquicas, y en la niebla interior de la mente desisten
Quiero ir a vivir en medio del Pacífico, en una isla aislada y vacía
Quiero ir donde pueda comer chocolate todo el día con frambuesas—tanta decadencia
Quiero ir a un lugar donde pueda mover mi cuerpo, bailar al ritmo hasta la medianoche
Quiero ir donde sin importar mi edad pueda jugar, tener batallas aéreas: volar una cometa sin reproche
Quiero ir donde pueda sentir la conexión, la unidad de la naturaleza en mí
Quiero ir donde haya claridad, belleza y abundancia que pueda ver y sentir
Quiero ir donde la vida es mágica, y la felicidad es la realidad que repito
Quiero ir donde, mirando el cielo nocturno, pueda ver las estrellas extendiéndose hasta el Infinito...

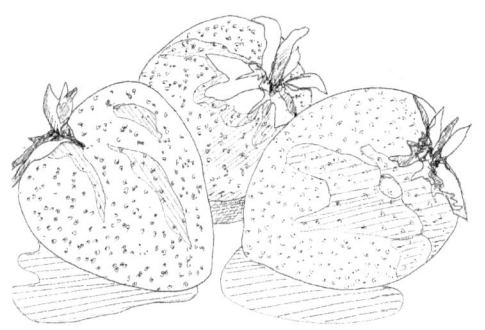

11. La Danza

Vestido negro, labios rojos, zapatos con tacones,
Movimientos misteriosos, música fascinante, ritmos y sabores.
Las estrellas brillan, el suelo está caliente como lava disuelta,
Sí, hay una dulce magia en el baile, en los giros y en las vueltas...

Dictador del baile, en calma y paz, sin embargo,
Espectro entrelazado de gozo enredado.
Sargento instructor puedo ser, llámame así,
Cara a cara, de corazón a corazón: ¡el tango es el camino a seguir!

Somos uno con la música, y el ritmo son olas,
El tiempo se detiene, la luna sonríe, el búho siente curiosidad y mira fijamente a solas...
Nuestros pies se mueven de izquierdaa a derecha, debajo y encima, trabajan como uno: tienen la misma meta,
Bailamos absolutamente inmersos en el flujo cósmico, ¡y la noche está completa!

12. Inspiración

Hay un plano personal, un código vital en tu propia historia,
Cuando lo descifres, mágicas puertas de par en par se abrirán que te llevarán a la gloria.
Elabora tu visión de vida y conviértela en tu obsesión,
Serás magnético en el mundo, la gente te prestará toda su atención.
Necesitas sintonizar tu propia visión, tu propia emisora radio estación,
Si no lo haces, serás un vagabundo, tu vida estará llena de frustración.
Perseguirás a los fantasmas en el paisaje urbano, y no conseguirás tu justa compensación,
La vida te pondrá a prueba en el proceso, te lanzará a muchas confrontaciones.
Poco a poco irás puliendo tus formas y dominando el juego de las atracciones,
Entonces dejarás tu mella en el universo, doblegarás la realidad según tus convicciones.
El mundo quiere que seas tú mejor versión, quiere que seas fuerte,
En cambio, lo que recibes de tu entorno al crecer: ¡es que no eres suficiente!
Acepta tus imperfecciones, la noche oscura del alma—ya no hay ruido,
Tienes que darte cuenta de esto ahora, o envejecerás, siempre incomprendido.
Levántate y defiende tus principios, tienes que luchar por lo que crees,
Si no estás comprometido con tus valores personales, moral y principios, es posible que ante cualquier cosa flaquees.
Las respuestas están dentro de ti; la calidad de las preguntas hará todo la diferencia,
De lo contrario, la mayoría de las personas, las circunstancias y el entorno, te contagiarán con su influencia.
Hay un mapa mental, una fórmula que sigues subconscientemente en la vida para llegar a la corniza,

Serás y harás todo para alcanzar lo que crees anhelar, incluso cometerás crímenes y actuarás con malicia.

Este impulso innato al éxito pasará sin duda un recibo, Muchos se quedarán en el camino, perecerán antes de la línea de meta, y nunca alcanzarán su objetivo.

Esto sucede, ya que los mapas mentales y las fórmulas para ganar se implantaron en un tiempo pasado,

Programado desde temprano por los padres, la hipnosis cultural, el entorno, la manipulación y los temores que tenemos grabados.

Una pérdida se sentirá más con dolor, que lo que es la satisfacción a lo que se consigue,

Pregúntate qué es lo que te hace brillar, el camino mantén y sigue,

Te dará energía para el largo plazo, como una luz que te sostenga y abrigue.Imagínate, ¿qué es lo que te hace vivir?

Persíguelo con la máxima pasión, emprende un viaje, sumérgete en ese porvenir,

Son las personas que siguen su pasión, que les da alegría, las que no tienen que sufrir.

El subconsciente puede ser comparado a un niño de cinco años, con un poder tremendo: un sirviente que tus necesidades generales solventa,

Para la mayoría ha asumido el papel de amo, el complejo del ego en esteroides; de la codicia y ambición es de lo que se alimenta.

Es como si un lunático se hubiera apoderado del manicomio y el resultado fuera siempre un desastre siniestro,

Los papeles se cambian, se invierten por completo: ¡ahora el siervo es el maestro!

La trayectoria, el camino que tomas inconscientemente, sin duda te llevará a fracasos y decepciones,

Será un círculo vicioso de autosaboteaje, que te confinará en tu propia cárcel de cuatroparedes.

El entorno en el que te rodeas principalmente, determinará el nivel de tu energía positiva,
Tu alma necesita ser liberada y desencadenada, ¡es una verdad colectiva!
Es la compañía con la que te rodeas, es la compañía que guardas,
En un extremo de la escala, podrías estar lleno de alegría y risas, o podrías estar lleno de estrés y lágrimas que callas.
Tu subconsciente tiene tu autoimagen como un barómetro, que a tu autoestima constantemente se ajustará,
Para tratar de ir más allá de la autoimagen, el barómetro se regulará y revoloteará.
Despierta al potencial que necesita ser descubierto, si aún no estás ahí está bien: es no es tu culpa,
La hipnosis de las culturas, los condicionamientos del pasado, la educación y el entorno, se habrán hecho cargo por defecto sin duda.
La baraja de tu vida depende de atraer recursos, poder y oportunidades de tu lado,
En el otro extremo del espectro, podrías estar desquiciado, estresado: por la vida arrodillado.
La vida no te sucede a ti, sino que pasa a través de ti —como tú— y su plano único debe ser activado,
Si no te das cuenta de esto, vivirás como una víctima con dolor, vergüenza, culpa y sin ganancia: como un ser desahuciado.
No atraes ni obtienes lo que quieres; ¡atraes y obtienes lo que eres!
Si estás leyendo esto, lo entiendes, y por eso, ser mejor quieres....

13. Doble exposición

Me levanto y me levanto, pero todavía siento que caigo
Corro y escapo, pero no puedo huir de la vocación que traigo
Escribo y escribo, y es una alegría simple en mi corazón la que encuentro
Pinto y pinto, la creatividad es lo que parece fusionar y unir lo disperso
Trabajo y trabajo, pero parece que me deslizo y resbalo sobre la basura
Paso y paso muchas horas, pero todo es una pérdida de tiempo absurda
Veo y veo las noticias, y todo lo que veo es negatividad
Bebo y bebo, y el alcohol adormece mi mente de la realidad
Canto y canto, y la música saca todo el ritmo y el sabor
Bailo y bailo, y mi cuerpo se balancea dentro y fuera de todo rigor
Grito y grito, pero nadie puede oír mi aullido
Lo intento y lo intento, pero siempre parece que me he equivocado de recorrido
Empujo y empujo, pero la fuerza no parece funcionar en absoluto
Tiro y tiro, pero no hay señales de que mis esfuerzos den frutos
Planeo y planeo, pero el futuro parece una batalla perdida
Miro y miro por la ventana, y veo a la gente tratada como una jauría
Sigo y sigo todo lo que brilla, que resulta ser el camino equivocado
Juego y juego, es el recreo de los tontos en el que he participado; termina con un platillo retumbando
Doy vueltas y vueltas, y mi cabeza parece estar alucinando
Me concentro y me concentro, y mi cuerpo vuelve, se está aclimatando
Como y como, pero el agujero emocional nunca parece estar lleno
Compro y compro, pero el materialismo es el peor veneno
Vivo y vivo, y la vida está succionando todo el jugo de mi creatividad
Aprendo y aprendo y no puedo entender la ciencia, ni siquiera la simple relatividad

Silbo y silbo, y la vida es dulce cuando soy estoy llena de alegría

Deseo y deseo, y la magia de la vida sucede cuando estoy agradecida

Leo y leo, y de a poco las buenas ideas surgen de la mente

Amo y amo, y la pasión es lo que emana el corazón latente…

14. El sarcasmo extremo del mundo moderno

Hay una hambruna de moralidad en la tierra de la abundancia, donde las almas hambrientas, que acechan en las sombras, gobiernan,
La gente tiene la cabeza en la arena persiguiendo objetos brillantes, entretenimientos, distracciones: ¡mirando a los payasos y a tontos que se quejan!

Los niños son genios, eso es lo que me dice el sentido común, y es algo que va cuesta abajo desde el día en que empiezan la vivencia educativa,
Condicionamiento cultural, bichos en sus creencias, hábitos, programación para ser adultos, ¡la mayoría se ahoga en su propia saliva!

Vivir en un mundo dividido, un espectro de extremos unilaterales, buenos o malos, ganadores y perdedores: ¡todo es una quimera!
Todavía hay mucho bien en el mundo: el amor, la compasión, la unidad, el cambio a través de la transformación; esa es la manera.

El dictador gobierna a base de acrobacias, pompas y espectáculos, reflejos y reacción,
No hay honor entre ladrones, los ricos y ávidos de poder saquean la nación.
Los medios de comunicación se inclinan por tonterías superficiales, historias basadas en el miedo que solo nos confunde,
Lo que está liderando es la nueva historia que se desangra, olvida y difunde…

El pago de altos impuestos para los militares y las fuerzas armadas, asegura su sacrificio y devoción,
Se demoniza a las minorías, a los inmigrantes, a los ancianos, a las mujeres y a los niños: hay que ir de puntillas en esta nación.

Ninguna civilización ha sido derribada por fuerzas externas, sólo por violencia e ignorancia,
Por su propia destrucción interior gradual y su intolerancia.

Hay una hambruna de moralidad en la tierra de la abundancia, donde las almas hambrientas, que acechan en las sombras, gobiernan,
La gente tiene la cabeza en la arena persiguiendo objetos brillantes, entretenimientos, distracciones: ¡mirando a los payasos y a tontos que se quejan!

15. Imagina

Imagina cómo ver la Vía Láctea por la noche es tan mágico y hermoso
Imagina cómo los rayos del sol acarician la piel y se siente tan maravilloso
Imagina cómo el toque del agua es tan agradable y refrescante
Imagina cómo la tierra da a luz a vida tan abundante
Imagina cómo una madre primeriza soporta las noches sin dormir, tan agradecida
Imagina cómo la leche de la madre puede ser tan copiosa y nutritiva
Imagina cómo un bebé recién nacido duerme toda la noche apaciblemente
Imagina cómo un anciano, que apenas puede caminar, se mueve elegantemente
Imagina cómo la bienvenida a casa de un perro puede ser tan llena de saliva
Imagina cómo una flor que brota en la naturaleza reboza de alegría
Imagina cómo el poderoso océano es tan vasto y tan poderoso
Imagina que el aire que respiramos es tan misericordioso
Imagina cómo la separación con un ser querido puede ser dolorosa y lamentable
Imagina cómo un niño pequeño corriendo detrás de una pelota puede estar tan alegre y sonriente
Imagina cómo un pajarito alimenta a sus crías con insectos, de manera efluente
Imagina cómo nuestras acciones no examinadas pueden ser a menudo tan hirientes
Imagina cómo se sienten las ovejas al ser obligadas a esquilar su lana
Imagina cómo un soldado se mantiene tan obediente en el campo de batalla
Imagina cómo soportan los estudiantes la larga tortura del sistema escolar
Imagina cómo un bebé que nace sumergido, nada como un pez en el mar
Imagina lo derrotado que se siente uno en una plaza, ¿es el torero o es la bestia?
Imagina cómo el toro que se atiborra del matador se llena de venganza fiera
Imagina cómo un Millennial coge un móvil, hace maravillas con él como si fuera una herramienta

Imagina cómo ver a quien te gusta, hace que te pierdas a ti mismo y actúes de manera tonta y lenta

Imagina cómo un adolescente enamorado regresa a casa de puntillas de una noche de encuentro, tan cuidadoso

Imagina cómo un cirujano que opera diez horas seguidas sabe que todo fue exitoso

Imagina cómo ver la Vía Láctea por la noche es tan mágico y hermoso...

16. Permítase ser Led

Suelta, libera y entrégate a las olas del mar,
Deja que el oleaje te suspenda y deslice hacia un movimiento natural.

Suelta, libera, rinde, desconecta y abre las compuertas a todas las emociones,
Permite la simplicidad, la belleza pura, la magia, en todas sus sublimes devociones.

Hay un espejo hacia fuera de ti, pero su reflejo es, en realidad, del interior,
Cómo el poderoso océano que con la marea se levanta o hace menor.

No hay ninguna verdad ahí fuera, sólo tu propia y sesgada percepción,
Cuantas más explicaciones pidas, más profunda debe ser tu autorreflexión.

¿Canalizas la vida río abajo, o vas contra la corriente? ¿Hay creencias qué tengas?
Todo depende de las ideas, convicciones, comportamientos y filosofía que mantengas.

El silencio entre los pensamientos, la presencia en el momento presente es esencial,
Ve más allá de tus cinco sentidos, más allá de la materia, céntrate en la vibración y la energía universal.

Para las masas de ahí fuera, pareces loco o raro,
Ir a contracorriente de la sociedad, te hace parecer un hippie o un vago.
Todos tus amigos, familiares e incluso desconocidos te dirán que te muevas con precaución,
"Si yo fuera tú, esto es lo que haría", dicen con emoción.

Los medios de comunicación te influirán con su manipulación,
Lo que la vida te dará es un montón de exageración.

Mucha gente en este mundo es adicta a la disfunción, las distracciones, el caos y la conmoción,
Entran y salen de tu vida y su papel es la confrontación.

Los pensamientos en tu mente te aprisionarán, como una infestación,
Se acumulará, se condensará y la represión psicológica será fruto de la frustración.
Sabes que la vida es un reto, así que empieza a tomar las riendas de tu vida y empieza,
Aprende algo nuevo, practica a diario, profundiza en tu interior y progresa…

El trabajo duro tiene su recompensa: serás la mejor versión de ti mismo, y lo sabrás,
Necesitas ser lo mejor que puedas ser—debes permanecer en el flujo vital.

Hay algo en ti que hace que tu corazón lata y te respire—inexplicable—como una poción,
En el fondo, puede parecer que estás indefenso, pero en realidad: eres el océano lleno de pasión...

Poco a poco irás encontrando tu propio camino, consciente de que estás siendo guiado,
Es como si, lo que deseas, te deseara a ti también; aquello que perseguías con fuerza y miedo, empieza a perseguirte a ti; los papeles han cambiado.

17. El viaje de la vida

Eres tú el que está en el viaje del héroe con mil caras,
Eres el héroe que quiere viajar y conocer cientos de puertos y playas.
Coge el toro por los cuernos, ármate de valor, sé valiente,
La mayoría de las personas mueren a los veinte años y son enterradas a los setenta: ¡no se llevan nada a su muerte!

La vida favorece a los audaces, a los creativos, a los que son un poco raros, extraños y viven de aventuras,
Aquel que solo trabaja, el hiperactivo, el que perdió las gafas: a quien la vida le parece borrosa.
Levántate, despierta y huele las rosas,
Sal de la cama al aire libre, extiende tu mat y ponte en formas.

Empieza el día con una sonrisa en la cara, con alegría y agradecimiento,
Estás aquí porque alguien dio su amor y juramento
En el fondo hay un niño que quiere jugar,
Si no le haces caso, te fastidiará y al final podrá ganar.

Sé feliz sin razón, como una niña con su juguete,
Sé juguetón como un niño pequeño, con balón que lancé y pateé.
Las fuerzas externas, la baja conciencia, los prejuicios, tratarán de vencerte hasta la rendición,
Tienes una tremenda fuerza interior que puede tolerar y vencer a cualquier intervención.

Deja que tu dolor y tu pena se consuman en el fuego primordial,
Permite que tu vida sea sencilla, humilde, al servicio de los demás: ¡reduce tu Deseo total!

Equilibra tu vida, conéctate con el arquetipo del guerrero,
Empezarás a agudizar tus sentidos, a potenciar al empático, al vidente y al hechicero.

Emprende tu propio viaje interior de curación, enfréntate a la profundidad de tus demonios y sombras,
Tienes que mantenerte fuerte por dentro, dejar que tu alma mate a todos los dragones de las mazmorras.
Deja que la sabiduría que llevas dentro te guíe a través de los obstáculos de la vida, sigue tu propia visión interior,
Este espacio en el que te encuentras es un campo de entrenamiento, para cumplir con un destino ulterior.

Disciplina tu vida, cuida tu cuerpo, mente y alma: busca la excelencia,
Uno de los mayores poderes que no se utilizan mucho, son el valor interior y la resistencia.
Sólo tienes un número determinado de alientos en la vida, procura de que cada uno de ellos cuente,
Vive una vida sana y maravillosa, ¡y asegúrate de que sea impresionante y consciente!

18. El largo viaje

En nuestro viaje a la Tierra, cruzamos muchos años luz, agujeros negros, brillantes galaxias, ¡hasta llegar a la Vía Láctea!
Encontrar la pequeña roca azul, bucear suavemente hacia abajo, elegir una mamá y un papá apropiados, y juntos empezar nuestra odisea...

Nuestros superpoderes se vuelven inútiles, no sabemos por dónde empezar o a dónde nuestros pasos llevar...
La vida consiste en la conciencia y la amplitud interior; no en la mente pensante y conocimientos del exterior,
Nos han transportado a esta existencia, ¡y lo que se cosecha es lo que se siembra!

Saber está en la cabeza, sentir está en el corazón.
¡Deben trabajar juntos en equilibrio, y no desde la separación!

En nuestros años de juventud seguimos nuestra cultura, la tradición, los diferentes
profesores, que nos dicen lo que debemos saber: un estándar muy bajo y adverso,

En el fondo somos el universo siendo consciente de sí mismo disfrazado; ¡polvo de estrellas que han viajado todo el universo!
Tomamos la historia de nuestra vida, hablamos de las penas, de las glorias; de los errores que cometimos, de los el drama y el dolor,
En el llanto del recién nacido, la risa de un niño; ¡entregamos nuestro poder al pasado, a la negatividad, al borrón!
Nos orientamos hacia los objetivos, siempre persiguiendo conceptos y cosas inalcanzables, que se imaginan, pero no existen,

Empezamos a pensar lo peor de las situaciones y de los demás, que la vida es injusta y nos persigue.

Pero no olvides que estás hecho de polvo de estrellas, de luz infinita: presencia en el momento presente y siempre dispuesto a lo que sigue…

Es la dualidad de la vida, todo tiene sus grados opuestos,
Pagarás con tu karma pasado, quizás acabes pagando grandes impuestos.
Ya estamos codificados y cargados antes de llegar a este lugar consciente,
Llenos de excelencia, talentos y dones; ¡necesitamos mantener ese espacio latente!

Hay malestar donde tienes miedo, escucha las voces inspiradoras,
Sé amable contigo mismo, date permiso para tomar decisiones valerosas.
Rodéate de gente que te apoye, permanece en una tribu, en una comunidad,
Aléjate del miedo, conviértete en tu propia zona de confort y prospera en la inseguridad.

Tomar decisiones desde el amor propio, el respeto a uno mismo, la dignidad personal,
Cuida tus dones y tus talentos, igual que como cuidarías a tu niño ideal.
Arriésgate, sé espontáneo, ve más allá, porque la felicidad no es algo que puedas poseer,
Ir más allá del hacer y el acumular posesiones materiales: ¡se trata de un Estado del Ser!

19. El camino menos transitado

El espíritu humano anhela superación,
¿No hemos terminado aún con el hambre, la guerra y destrucción?
El alma siempre busca la verdad oculta que se esconde a simple vista,
Los grandes y poderosos pueden intimidar a los débiles, pero la fuerza no es una conquista.
Debemos mirar, aprender, tener curiosidad por nuestra historia y nuestro pasado,
Sin embargo, deja espacio para lo inexplicable, lo mágico e inesperado.
Existe ese impulso inherente por descubrir, por con nuestra propia tribu conectar,
Otras personas que son y gustan de nosotros, y que en nuestra misma onda pueden vibrar.
Hay personas dolidas con carácter débil que hacen daño a la gente: como una casa construida sobre arenas movedizas,
Adictos a la disfunción, al caos y a las relaciones que se atrofian y se tornan explosivas.
Paz y tranquilidad, entornos saludables y bienestar, ¡no lo parecen entender!
Muchos son creativos, artistas, poetas o músicos, otros eligen a una banda pertenecer.
Algunos piensan que la vida es lineal y lógica, que se puede descomponer y arreglar en pequeños pedazos,
Desperdician una gran cantidad de preciosa energía vital, con agujeros y fallos.
En lugar de Ser, intentan averiguar qué es la felicidad y el bienestar,
Al hacerlo, lamentan los tiempos perdidos, ¡sin abrazos o besos que dar!
El camino a la felicidad es simple, pero la mayoría elige el trayecto equivocado,
Cuidados y amor propio, masajes, cantar y bailar, un baño cálido.

Sé espontáneo y toma el camino menos transitado, y quizás,

Logres lo que te propongas, igual de vasto que el cielo azul y el poderoso mar...

20. La naturaleza y el misterio

Uno se asombra ante lo que haces surgir en el ser humano como musa,
La capacidad creativa de muchos se ha quedado en el camino porque no la usan.
Tu presencia es como el néctar para una mariposa cuando estás cerca,
La geometría sagrada en la naturaleza: la misteriosa frecuencia de la vibración y el sonido compruebas...

Verte de lejos sólo hace a los sentidos más potentes,
Pasando tiempo contigo, uno entiende lo que la vida es realmente.
En forma de agua, apareces en muchas manifestaciones hermosas,
En cascadas y ríos rápidos, en la cima de montañas majestuosas.

Muchas civilizaciones antiguas y nuevas te honran por hacer la vida disfrutable,
El libre albedrío y las decisiones de algunos, han hecho la vida en este planeta: ¡insoportable!
La gente utiliza mal, malinterpreta y se deja engañar por tus vastos poderes,
Son derrochadores: ¡intentan saquear y destruir todas sus flores!

Eres la fuerza que sostiene a los planetas y a las estrellas en un orden específico en celeridad
La belleza de la naturaleza, de los seres sensibles, de las poderosas montañas y del océano en su vastedad...
La energía y la fuerza que está detrás de todo lo que existe: el infinito—sin historia ni pasado,

La conciencia detrás de lo que uno puede comprender, y el
resto es un misterio que se nos es dado...

21. Manifestaciones de amor y sueños

Mi amor por ti cruzará poderosas montañas
Mi amor por ti arrojará monedas en hermosas fontanas
Mi amor por ti está más allá de cualquier dimensión
Mi amor por ti no se puede comparar con ningún tesoro o destinación
Mi amor por ti es siempre calmado y elegante con amplitud
Mi amor por ti son los nueve meses que una madre espera el nacimiento en gratitud
Mi amor por ti puede tardar años luz en llegar
Mi amor por ti deja huevos en la costa del mar
Mi amor por ti está más allá del pensamiento, creencias o emociones
Mi amor por ti es vasto más allá de los poderosos océanos y horizontes
Mi amor por ti es más dulce que el néctar de las flores
Mi amor por ti es infinito, sin importar los relojes
Mi amor por ti va más allá de los planos y dimensiones astrales
Mi amor por ti es como un chamán en trance que se entrega a los bailes
Mi amor por ti es simple, humilde, nada lo complicará
Mi amor por ti es omnipresente, y nunca se desvanecerá...
El sueño de viajar a todos los lugares exóticos
El sueño de conocer los más bellos y extraordinarios rostros
El sueño de romper las reglas y saltar las vallas y percances
El sueño de encontrar a esa persona especial y tener romances
El sueño de ver formas únicas y auténticas de danza
El sueño de contribuir a una buena organización y causa
El sueño de ser feliz en la vida, por los seres queridos y sus miradas diarias
El sueño de que los animales sean abundantes, el amor de verlos en grandes masas

El sueño de las reuniones sociales, de hablar con gente nueva, de animar con gafas

El sueño de lugares lejanos, donde la vida se mueve lentamente como la melaza

El sueño del crecimiento personal, tomando cursos y enseñanzas

El sueño de las rutinas de éxito, en la cotidianidad

El sueño de la limpieza y el orden: deshacerse del desorden que solo trae infecundidad

El sueño de ser agradecido, lleno de alegría, sabiendo que la vida siempre otorga

El sueño de presenciar galaxias colisionando entre sí, gravitando unas hacia otras...

22. Nacido entero y completo

Has nacido entero y completo, pero la cultura te condiciona a ser un borrego,
La vida pasa muy rápido y te das cuenta de que estás hasta las rodillas en excremento.
No hay visión, rima o razón,
La gente está atrapada frente a su televisión.
La naturaleza se destruye por la ignorancia y la codicia,
Sin embargo, ¡lo descartamos y nos seguimos reproduciendo en la inmundicia!
Las especies se han extinguido, los animales han desaparecido y los pájaros ya no cantan,
La educación mediocre, los reality shows y la comida rápida ahora son quienes ahora mandan.
La televisión sedará tu mente y el alcohol la adormecerá,
Vivir una buena vida y ser un ciudadano responsable en el mundo: ahora quizás tonto sonará.
La mayor droga de escape que existe es el alcohol: se puede conseguir libremente sin complicación; ¡bebe mucho y será como al infierno viajar!
La gente es fácilmente manipulada y entrenada, como perros, por silbatos y campanas te quieren adiestrar
Escuchar, obedecer a las autoridades y ejecutar, como un robot actuar,
Una vez que empiezas a rebelarte, ¡estás listo para apagarte y reiniciar!
El consumo excesivo ha hecho que Occidente esté muy familiarizado con la obesidad,
La tendencia para el futuro es que la gente de todo el mundo se traslade de las zonas rurales a la megaciudad.
En la medicina occidental, prevenir la enfermedad y curar a la gente, no les parece apropiado,

Es un sistema impulsado por la ganancia, en el que las compañías de seguros sacuden a personas por dinero: ¡actúan como el crimen organizado!

La sociedad siempre te ha engañado, te jugó un truco secreto,

Te hizo perseguir recursos, como una zanahoria colgando de un madero.

Son capas ocultas de personas en la sociedad que tienen el control, pequeños grupos de personas que algunos llaman,

Están ahí, pero son invisibles; toman todo: ¡todo para ellos reclaman!

Para reunir a la gente a su alrededor en una confabulación masiva,

Para justificar su incesante delirio materialista.

Cada siete o diez años se produce una recesión y el estallido de la burbuja económica sucede,

Los ricos, poderosos y con buenas conexiones reciben asistencia social del gobierno, y para el resto el problema se endurece.

Hay una elección crucial que cada quien se debe hacer en algún momento de su vida

¿Despertarás y vivirás con conciencia, o seguirás viviendo en un estado de hipnosis y mentiras?

Es fácil dejarse hipnotizar por la búsqueda de estatus social, fama o dinero

Estar hipnotizados por el éxito de los demás, aplicar sus normas a nuestra vida, a nuestro propio juego.

Decirle a la gente que son iguales, que pueden levantarse por sí mismos, que son libres en amplitud,

No hay necesidades ni recursos para prosperar, escuelas pobres, carencias económicas en los barrios: ¡es como la esclavitud!

Estamos hipnotizados por los medios de comunicación, animados a consumir cosas que no necesitamos, por razones que ni siquiera entendemos

Ya es hora de despertar del engaño colectivo que nos roba la energía, el poder y el tiempo que tenemos.

El capitalismo es un sistema que durante generaciones se ha establecido en un extractivismo,

Se basa en seguir modelos anticuados de la realidad, que se promueven ampliamente para mantenernos en un oscurantismo.
Poblaciones masivas que viven en la explotación, con su psique disparada y completamente dañada,
convierte en un juego en el que el explotador, explota al explotado.
Los recursos son empujados artificialmente hacia un esquema Ponzi, que sigue el código de la abundancia,
El resto de la gente se queda a la deriva en modo de supervivencia.
La explotación lleva a la indigencia, que gradualmente conduce al encarcelamiento de la población,
Estados Unidos lidera la tabla, con más de dos millones de personas entre rejas ¡sólo en esta Nación!
Hay un complot siniestro en esta locura, para mantener a la población reprimida bajo el pulgar en un enorme caos,
La mentalidad de pobreza, la mala educación, los barrios violentos plagados de delincuencia: ¡todo esto es algo pensado!
La mayoría de estas fuerzas oscuras son inteligentes, pero con poca visión; sólo se preocupan por las acciones y a producción, el resto solo saben ignorar,
Una constatación, que todos estamos interconectados desde el mismo tejido de la vida: ¡esto a todos debemos enseñar!

23. ¡Hay que viajar!

Así que crees que la historia de tu vida es la verdad,
La historia de otras personas, ¿quieres dar el estand?
Te sientes joven e inmortal, y crees que la vida es fácil y llena de bien,
¿Esperas a que todas las aves se ordenen y los planetas se enfilen?
Persiguiendo las sombras de la ilusión, desde la concepción hasta el entierro,
Lo más probable es que seas un engranaje más de la máquina: ¡un esclavo del dinero!
A menos que despiertes con la verdad, encuentres el coraje y seas valiente,
Hay esperanza, hay una buena probabilidad que puedas salvarte
De una vida de prisión, ¡la parábola de la Caverna de Platón!
¡Deja ir todo lo que no te sirve, todo anhelo y adicción!
De pequeño, para sentir libertad, volaba una cometa,
Imaginaba surcando el cielo, como un pájaro que en el cielo aletea,
¡También me di cuenta que no te morderá un perro que ladra constantemente!
Ahí fuera, en el campo, con la brisa fresca, soplando entre los dientes de león,
pedí un deseo fuertemente,
Noté un águila calva en la distancia, lanzándose al río, llevándose un pez rápidamente.
Quiero salir con gente que sepa y revele secretos, o estar en soledad,
Golpeado como un barco que ha pasado por el ojo de la tempestad...
La vida ha sido mágica, ¡porque así lo creo!
Has estado persiguiendo espejismos en el desierto, estando constantemente enmovimiento.
Lo que necesitas es viajar a lo largo y ancho, aprender a ser bueno y consiente,
Así, verás cómo viven los demás, ampliarás tu horizonte y abrirás tu mente.
Viajar te costará un buen dinero,
Merece la pena todo lo que se gasta, y todo el dinero que se gana con esfuerzo.
Aprenderás todo lo que necesitas en la vida; sabrás cómo avanzar,
Lo único que debes hacer es comprarte un billete de avión: empezar a volar....

24. Poesía mística

Si amas algo, déjalo volar, libéralo,
Si vuelve a ti, estaba destinado.
Si se va volando y no lo vuelve a tu lado,
En el fondo de tu corazón sabrás que tu amor no fue en vano.

El amor es un sentimiento inexplicable, puro, inocente, alegre y dichoso,
Te hará ser valiente, hacer cosas imposibles, lo cual es hermoso.

El amor es ver a la persona donde está, pero mirándola donde podría estar,
La compasión es la capacidad de ver las cosas desde la perspectiva del otro, ¡eso es madurar!

El amor es la energía que mantiene a los planetas juntos y suspendidos,
Es la fuerza que mantiene a todas las partículas atómicas entre sí atraídas.

Tienes dos opciones en la vida: elegir entre el amor o el miedo,
Deja que el amor sea tu elección y te guíe como la punta afilada de un espedo.

El amor es una fuerza expansiva, aporta crecimiento, claridad y creatividad,
El miedo es retroactivo, trae decadencia, estancamiento, destrucción, inactividad.

Hay dos lobos dentro de ti, ¿a cuál dejarás guiar?
La elección entre el amor o el miedo, depende del lobo al que elijas alimentar.

Existe un campo vibratorio que une y conecta todas las cosas del universo,
Para entenderlo, todos los seres humanos pasan por el rito de nacimiento.

Hay una chispa del infinito presente dentro tuyo,
Presencia o el Ser: las personas que saben esto son solo algunos.

Lo más difícil, al parecer, para un ser humano normal,
Es crear en el cuerpo y el cerebro, nuevos hábitos y cableado neuronal.

Entre nuestro mundo interior y el exterior hay un vínculo místico que existe naturalmente,
Desde tiempos inmemoriales, ha hecho que los humanos se pregunten y los filósofos piensen profundamente.

Buda lo llamó: el Camino Medio; Lao Tse: el Tao; Aristóteles lo llamó: el Justo Medio,
En la mayoría de los casos, restaron importancia a lo externo como una ilusión: hicieron hincapié en centrarse en el interior.
Es la raíz común de todas las religiones, caminos místicos y espiritualidad,
Hace que una conciencia elevada se enfrente bien a la matriz de la realidad.
Aquello que buscas en la vida, también intenta, a través de ti, materializarse,
Hay un jale y empuje en la vida que le da sentido y en realidad puede convertirse.
El dolor te empujará y tu visión te arrastrará,
Acepta ser vulnerable, haz de la vida una cuestión de bailar y cantar.
Tu dolor te empujará, te hará sentir que ese no es tu lugar,
Tu visión, en cambio, te arrastrará hacia ella y te impulsará.
La mano del destino que te empuja hacia adelante —quiere lo mejor para ti— quiere que lo logres,
Es tu libre albedrío y las decisiones que tomes, lo que hará que alcances la cima de la montaña, o solo sangres
Hay un poder inherente en la naturaleza, al que ponerse en exhibición,
El amor y la crianza en cada grano de arena... cada brizna de hierba tiene su propia y única función.
La secuencia de Fibonacci se repite en la naturaleza y en todas partes se puede observar,
La asombrosa y misteriosa belleza y el equilibrio, creados por energías invisibles, imposibles de notar.
El alma alojada en el cuerpo, Infinita y Eterna: ¡todo lo demás es una ilusión!
Seguirá y seguirá para siempre...... y no habrá final o conclusión......

25. Buscar más profundamente para encontrar

¿Vives de forma íntegra y completa, auténticamente desde el corazón?
¿O está viviendo dentro de tu mente, con ideas, conceptos y una trama sin razón?
¿Permitiste la quema de tu antigua identidad en el fuego consciente?
¿Apagaste el ruido de fondo que emana y penetra en forma de deseo ferviente?

Te olvidas de que desde que naciste hasta tus siete años fuiste moldeado y convertido en la persona que aceptaron que fueras,
Negaste, devaluaste, rechazaste, reprimiste partes tuyas a cambio de amor y la aceptación de tus cuidadores, ¿te das cuenta?
A veces te preguntas por qué la vida te da tantos limones y te arroja a situaciones inesperadas,
Para que puedas avanzar hacia la plenitud, la expansión y escuchar en el interior de tu alma la verdadera llamada.

Deja de bailar con sombras por la vida, con el fondo para neutralizar y seguir siendo amado,
Avanzar inconscientemente hacia la aceptación, la aprobación, la seguridad; de lo contrario, podrías sentirte emocionalmente desolado.
Deja que el amor sea el ancla de tu alma,
Permite que la compasión sea la meta más anhelada.

Alguien creativo, una artista, sin la ayuda de los cinco sentidos puede ver y asimilar,
Ella dibuja, pinta, actúa en obras de teatro, canta, toca música y ama bailar.
No te quedes estancado en la desesperación en vano,
No es tu culpa: el culpable es tu cerebro izquierdo, lineal, lógico y exacto.

La vida tiene sus altos y bajos, pero a veces parece que se ha aplanado,
¿No es lo mismo que cuando el corazón deja de latir y la gente vive sólo de aquello que su mente ha pensado?

Tienes millones de años de prueba y error en la evolución, el laboratorio de la naturaleza y la creación,
Hay un poder dentro tuyo que está mayormente dormido, y puede crear tu propia narración.

Transición para desprenderse de tu antigua piel, de lo estático, del desorden—de lo que no es funcional,
Una actitud de gratitud es muy importante para sanar de manera física, mental y emocional...

26. Divagaciones sobre la política y la vida moderna

Los medios de comunicación están llenos de distorsión, distracción y desinformación,
Mantiene a las masas persiguiendo fantasmas de ilusión, engaño, ansiedad y frustración.
Los niños de papás ricos crecen y se convierten en idiotas narcisistas y sociópatas,
Tomando lo que solía ser el reino de los sabios y las ermitas.
El chamán bailando en trance, muñecos vudú cuelgan, aullando a los lobos llamadas,
Haciendo todo lo posible por su comunidad para purificar sus almas.
No puedes vivir plenamente si no has aceptado y afrontado tu mortalidad.
Con esto, no estoy hablando de analgésicos duros o anfetaminas que puedas usar.
Siempre admiramos a las personas que superan la adversidad,
Es un arquetipo en lo más profundo del subconsciente, es el Viaje de la heroicidad.
Este lugar al que hemos llegado es el campo de entrenamiento para aprender,
Pasar por pruebas, tribulaciones, despertar, ascender y trascender...
Premiamos a los militares con nuestros impuestos, gastamos menos en escuelas y educación,
Tenemos, en manos de autoritarios, botones con poderes de destrucción.
En la televisión hay muchos expertos y comentaristas, pero la mayoría están desconectados de la realidad,
Empujan los recursos hacia el uno por ciento, que sigue pensando que necesitan más.
La pobreza engendra pobreza, y un círculo vicioso de indigencia mantiene a las masas atrapadas en un laberinto de humo y espejos,

Lo único que les queda es vivir con la esperanza de que algún día se harán ricos y conseguirán escapar de aquellos infiernos.
Los Ángeles, donde vivo, segregado geográficamente en zonas donde la vida es fea, y zonas donde la vida es agradable,
Generación tras generación atrapada, sólo en la superficie podría parecer una ciudad saludable.
Dividido en enclaves étnicos, donde los recursos son escasos—desempleo y pobreza en demasía,
La ignorancia y la pobreza son la peor clase de violencia perpetrada por unos pocos hacia la mayoría.
Sabes que el capitalismo conduce en última instancia a la economía del canibalismo,
Cuando la producción de las fábricas se estanca, no hay nadie que compre las cosas baratas: así que culpa al socialismo.
El otro día escuché a alguien decir que, si estás en un agujero, deja de cavar.
Si estás atascado en arenas movedizas, empieza a flotar y deja de luchar.
Si has perdido el rumbo de tu vida, empieza a servir y ayudar,
Si te han educado para ver sólo lo que te conviene, ¡empieza a dar!

27. Cuando ella baila

Ella baila como un pájaro que vuela por las galaxias,
Un espectro continuo de coreografía, genialidad y perpetua gracia.
Un hermoso mosaico de colores brillantes y radiantes como en un caleidoscopio,
Moldeado en una elegante figura móvil que impresiona por su estatura y alcance grandioso.
Se podía ver el amor que irradiaba, los ojos penetrantes, abrazados a su semblante,
En este mundo había encontrado su destino, su propósito, su lugar estable.
La alineación con la belleza se asocia con el vigor y la longevidad,
Encarnar la belleza incorpora y expresa un enorme poder, ¡una función de la creatividad!
Sus curvas, como un camino serpenteante, su postura afilada,
¡La belleza y la elegancia cada vez que bailaba!
Sus movimientos, tan únicos, tan distintos, fuera de lo normal;
La gente no puede evitar pararse a mirar.
La vida es como la danza; uno sigue y otro dirige.
Hay momentos para que cada uno brille, para satisfacer aquello que el cuerpo les pide.
El líder hace el trabajo pesado, para que se unan y trabajen como una unidad,
Cuando los cabos sueltos están atados—están en el flujo— la Danza se llega a completar

28. Homo Sapiens

Hey, Homo Sapiens, ¿qué ha sucedido contigo?
¿Por qué has olvidado aquella verdad que habías aprendido?
Hay dos fuerzas principales que te guían por la vida: el amor y el temor,
Haz que el amor sea la fuerza que te guíe, como la punta de la lanza de un gladiador.
No viniste a este mundo, saliste de este mundo,
Parece que la mayoría de las veces vives con miedo... la punta de su espada la vida está blandiendo.
Sí, al principio tenías miedo de los animales salvajes, los rayos y los truenos,
¿No has evolucionado y aprendido, que en este momento las cosas se están hundiendo?
¿Por qué la insensibilidad hacia el clima, la deforestación, la codicia económica y la desigualdad?
Muchas personas iluminadas vinieron antes, trataron de ponerte en el camino correcto, ¡hacer que sintieses como si estuvieras en libertad!
No estás separado de otras formas de vida, pero por algún motivo te sientes especial,
Vuelve a tus sentidos, vuelve a la verdad—¡hazlo ya!
La verdad es simple, a la vista de todos reboza
Hecho de partículas diminutas, que vibran alrededor
Llegando a través de la energía del albor y el rumor
No tienes que caminar sobre el agua, o tomar vuelo
Sólo hay que plantar los dos pies firmemente en el suelo...

29. Un poco sobre mi vida

Confío más en mi corazón que en mi mente, y mi corazón nunca me ha llevado por el camino equivocado,
La mente puede ser dominante, empuja al corazón y lo mantiene atrapado.
En el colegio era muy creativo, la asignatura que no podía soportar era las ciencias exactas,
Con los ojos vendados caminé por la vida, tropecé muchas veces por este y aquel camino con faltas.
Cuando era pequeño, tenía un camión de juguete que me producía una inmensa alegría,
Todos esos recuerdos se desvanecieron, una vez que los doce años yo cumplía.
A esa edad me sentía solo y sentía que nadie me prestaba atención,
Estar en un internado a una edad tan temprana, tenía su propia complicación.
Veía el mundo como un lugar aterrador, solía esconderme bajo las sábanas por las noches,
De joven estaba confundido y experimentaba, teniendo muchas amantes.
Los días se convirtieron en meses, y en la universidad tomé clases que estaban en jerga,
Trabajaba duro para llegar a fin de mes, y la vida no era una simple oferta.
A finales de mis veinte años, viajé por el mundo y mi mente se vio obligada a abrirse de par en par,
Aprendí muchas cosas que la escuela no podía enseñarme—la naturaleza y la contemplación me empezaron a guiar...
Hay algo que, al crecer, quería ser,
Un soldado de la fortuna, un viajero del destino... un agudo observador de lo que ocurre a mi alrededor.
Quiero salir con gente que sepa y revele secretos, o estar por mi cuenta,
Golpeado como un barco, que ha pasado por el ojo de la tormenta.
La vida ha sido mágica, porque así lo creo,

He estado persiguiendo espejismos en el desierto, estando constantemente en movimiento.

La vida puede ser un campo minado, como correr hacia un edificio ardiendo,
Alguien que escuche sin prejuicios, como un amigo verdadero
Estar inmerso en la cultura del juego, completamente hipnotizado,
Han pasado los años y siento que he acabado como un buitre podado.
Solía atravesar la hora pico para llegar al happy hour,
Para adormecerme de un trabajo aburrido, así es como entregué mi poder.

Intenté ganar mucho dinero, tener éxito para impresionar a gente que ni siquiera me agradaba,
Quería que me vieran en un coche de lujo, ¡no en una motocicleta chatarra!

Trabajando sin parar, con sangre, sudor, esfuerzo y lágrimas; endeudado hasta los ojos, desde el arranque,

La bola de metal de hierro encadenada a mi tobillo como un esclavo—hasta que la muerte nos separe.

Hace un tiempo atrás, me tomé siete meses sabáticos, la pasé muy bien y fue mágico.

Ahora, he transformado y evolucionado en un nómada digital,
La vida es buena, estoy muy contento de haber podido cambiar.

Me abrió a nuevos horizontes y dimensiones, me hizo abrir mis ojos interiores,
Entonces pude ver a través de todo el humo y los espejos, los engaños y las falsedades.

Vi cómo estaba lleno de un diálogo interno negativo, como espías secretos que adentro guardaba,

Me quedó claro, me hizo darme cuenta, que eran aspectos de mí que despreciaba,

Si, por casualidad, me va bien, la cultura está programada para darme síndrome de impostor

Es entonces cuando siento que no lo merezco—me escondo en un estudio de yoga cantando Om....

30. Sé amable

A todos los seres sintientes que viven, actúen bondadosamente,
Siéntelo en tu corazón, no sólo como un concepto en tu mente.
Da a los inocentes, a los que no tienen voz, a los niños, los animales, y a la naturaleza,
Te hará sentir muy bien por dentro, ¡hará que el tamaño de tu alma crezca!
Quizás pienses que dar unos pocos dólares, en el panorama general, ninguna diferencia hará,
Dar, contribuir abrirá tu corazón y a tu alma liberará...
Dar unos pocos dólares, en el panorama general de las cosas no romperá tu economía,
Le dará un nuevo sentido a tu vida, ¡pondrá combustible de cohetes a tu artillería!
Sé que los que contribuirán con gratitud sólo unos pocos serán,
Tu copa está llena, operas desde la abundancia, ¡y Dios siempre te bendecirá!

31. Tu espacio de silencio

Deja que tus miedos, tus lágrimas, sean tu maestro; conviértete en un guerrero, hazte fiero.
Preocupaciones del pasado, trampas del arrepentimiento—todo es perecedero...
Suelta tu ego, el yo inventado y todos tus temores,
Invita a la parte de ti que brilla, que es más sabia que los años que recorres.

Deja que tus vulnerabilidades en tus superpoderes se conviertan,
Deja que la culpa, la vergüenza y el reproche, por el desagüe de la ducha mañanera se pierdan...
Elevando tu conciencia y conocimiento a la más alta frecuencia de amor,
Todas las culturas lo perciben en los cuentos, en los sueños, en los arquetipos: viene de en algún lugar superior.

Consigue que el interior esté bien, y lo de afuera fluirá,
La frase: "la felicidad es un trabajo interno" es sabiduría profunda, no es superficial.
En el reino cuántico— el rey es el mundo de la imaginación,
La conciencia es primaria, es la base de toda creación...

Los sabios del mundo antiguo,
Podían cambiar el sufrimiento de la vida, como cambiar el plomo en oro exiguo.
La capacidad de, desde una profunda visión interior responder,
No seas reactivo desde una percepción traumática y sin poder.

El lenguaje que utilizas es como tu software operativo, define tu realidad
Eso, a su vez, diseña en última instancia tu destino, tus valores y moralidad.
A veces, estar roto, es lo que el carácter cimienta,
El mundo es un escenario de teatro, y en él como actor das cuentas.

Un espejo refleja, no sabe juzgar, quejarse o condenar,
Es el ego, el pequeño yo... el que quiere negar y culpar.
No todo el mundo quiere jugar al mismo juego del mismo modo,
La forma de enfocar la vida será diferente, una talla no sirve para todos.

Simplificar, reducir, racionalizar, minimizar, deshacerse del desorden y la basura,
Tu vida será más satisfactoria y tu cuenta bancaria tendrá dinero en desmesura.
Es el valor que aportas al mundo, a las relaciones, al mercado de lo hermoso,
Te encanta, te resulta fácil, eres impecable en ello; viene de la Presencia,
De tu Espacio Silencioso...

Recuerda siempre que lo que potencias, es aquello que amas como un caudal,
Lo que potencias, lo experimentas y atraes, ahora: en la hora universal.
¡Acepta en tu Ser, lo bueno, lo bello, la verdad!
Permítete crecer desde dentro, para poder cooperar...

No tengas miedo de envejecer, alégrate tengas la edad que tengas,
Date cuenta de que estás entre los afortunados, ¡la mayoría hasta aquí no llega!

32. Oda a Gaia

Anhelo fundirme con la diosa, y bailar
Más allá de los planos astrales, dimensiones y trascendencia, volar
Su presencia hace que las bestias salvajes pierdan su dominio e insolencia
Donde la fuente creativa se muestra en su poder e inocencia
Erupciones de volcanes, energía de los océanos, ojo de huracanes,
Mariposas y abejas, flores y néctar... interactúan como en romances
La belleza es intensa, y uno tiene que echar un veloz vistazo
Sumergirse en el éxtasis y la felicidad... hay que ser osado
Para traer de vuelta a la Musa, restaurando el equilibrio natural
Anhelo fundirme con la diosa, y bailar...

33. Conciencia cuántica

La realidad se ha visto doblegada por la híper-normalización de lo extraño y lo inusual,
El sentido común se ha extinguido, la Regla de Oro ha sido anulada... la empatía y la cooperación han desaparecido de manera total.
La gente que me rodea está centrada en el NASDAQ, la política y el índice de contabilidad,
Mi mente viaja en el tiempo, honrando a Ishtar, la diosa del sexo y la fertilidad.
La mayoría está programada para la disonancia cognitiva, y vive su vida en silenciosa desesperación,
Vivir vidas falsas y ajenas, es como suicidarse gradualmente en confinación.
Trabajadores como esclavos, vuelven a la rutina, sin que en décadas sus salarios cambien en comparación con la inflación,
Los ricos atesoran su dinero en paraísos fiscales, y sólo lo gastan en raudales económicos como masturbación.
La mayoría de la gente está preparada para seguir las tradiciones, tener hijos, trabajar y pagar las cuentas,
Para ganarse la vida a cambio, dan su energía vital, sus habilidades y metas.
Entiendo que he venido a este planeta principalmente para estar de vacación,
En lugar de ser arrastrado año tras año en la tortura, para aprender una vocación.
Controlado sistemáticamente desde el nacimiento hasta la muerte, de forma tan subliminal que no te das cuenta de lo que está pasando,
Despertar de este mecanismo de control, vivir en la luz, es la medida más dura del ser humano.
La publicidad cambia tu comportamiento, manipula a través de las imágenes y el sonido,
Creando un encarcelamiento voluntario, las manos en la espalda: con un nudo ceñido.

Los medios de izquierda o derecha te aterrorizan para que tengas miedo y te mantengas aterrorizado,
Sé un esclavo asalariado, calla y endéudate con un sistema oscuro; toma una cerveza fría, mantente entretenido y ocupado
Vivirás en un entorno y estarás familiarizado, hipnotizado, comercializado,
Adicto al materialismo, compitiendo con los Jones por migajas, mientras el tiempo se va volando.
La manipulación viene de todos los ángulos, como educación, religión y tradición,
Despertar de esto es muy difícil, uno quiere mantenerse fiel al adoctrinamiento sin terminación.
No tener una visión clara, una dirección en la vida... una vida sin examinar no merece la pena ser vivida,
Los poderes que están, te tienen endeudado—agotando la energía que das para ser recibida.
Se te da la oportunidad de aprender de las lecciones de la vida, o simplemente tomarlas como bendiciones,
El ego se disfrazará de virtud—te mantendrá en statu quo—lejos de exploraciones.
Tratar de encajar en un molde construido por las expectativas de otras personas, provoca decepción, nos deja sólo con ilusión,
Tomar pastillas para adormecer el dolor, auto medicarse con alcohol o drogas, sólo para sobrellevar la situación.
El sistema está manipulado en todos los sentidos a favor de los poderosos con recursos, y aquellos bien conectados, con un nombre de alto vuelo,
La democracia subvertida, políticos en deuda con una pequeña minoría, aquellos los respaldan con enormes pagos y juegan su juego...
Al resto de la población se le venden vallas blancas, cuentos de hadas, billetes de lotería y el sueño americano

Ignorancia rampante, sistemas educativos rotos, manipulados para votar en contra de sus propios intereses: ¡darán ganas de subirte a un aeroplano!

Para encontrar soluciones, sé un detective, profundiza en el Árbol de la Vida y revisa sus raíces y dones,

Los llamados expertos están fragmentados, algunos dementes y sólo ponen una venda en los botones.

El velo de la ilusión necesita se desenmascarado y levantado,

La libertad tiene diferentes formas, y el libre albedrío debe ser emancipado.

La Totalidad es la Conciencia, y la Conciencia es la totalidad,

El enfoque y el énfasis están en Ser... no en hacer o tener propiedad.

Todo es holográfico y fractal, pequeñas partes que representan la unidad,

Tú, el observador, determinas el resultado: así es como se sale de la madriguera...

La realidad es lo que concibes en tu mente, es aquello en lo que crees,

Las ideas, opiniones y creencias de otras personas pueden encontrar su hogar en tu mente: engañarte a ti mismo puedes.

Tienes que silenciar los ruidos fuertes, las voces condicionadas de la mente,

Permitir y abrazar la mirada interior, siempre está ahí: incluso cuando la vista está ausente.

Tú eres el observador, creador de tu propia realidad, no los pensamientos, no la carne ni los huesos,

Estos son sólo vehículos temporales para utilizar, y pronto, de ellos solo quedarán losrestos...

¿Cómo escapas del Velo de Maya, la matriz oscura?

Una forma sería entender la Mecánica Cuántica de manera pura.

El servicio a los demás, lo más importante; no sólo: "¿Hay algo que ganaría?"

Ser, no sólo hacer y tener—es donde debe estar el foco y el flujo de energía.

La conciencia se disfraza a través de ti, como tú, en tiempo y espacio real,

Te intensificas, aumentas tu conciencia y el ascenso comenzar

El tiempo es fugaz, como el polvo que se lleva el vahaje,
Oigo la libertad, el sonido de la naturaleza, los gansos salvajes...
El rompecabezas de la vida, con piezas bien afinadas, encaja de manera perfectamente,
El diseño divino trabajando en cooperación con todo lo demás, en equilibrio, mutuamente.
En el orden superior de la vida, hay una inteligencia innata subyacente... una energía, una fuerza diferente,
Eso nos da motivación, dirección en la vida y nos empuja a seguir nuestro propio torrente...

34. Hola, viajero

Hola compañero viajero, sé que estás muy cansado,
Has trabajado tan duro durante tantos años, ¿y aun así del trabajo te han botado?
La empresa cerró el negocio y se trasladó a un país del tercer mundo,
Donde la gente carece de necesidades básicas, trabaja por centavos todo el día,
pues tiene hambre en conjunto.
Te compraste una casita con vallas, y con los niños y tu mujer te fuiste a mudar,
La hipoteca se cierne sobre tu cabeza como una soga, ¿crees que la empresa te ha querido estafar?
¿Por qué te tratan como a un mendigo desesperado sin posibilidad de elección?
¿Por qué te tratan como alguien indigno, sin opinión?
¿No te has cansado de correr tanto, de estar con ratas en la carrera?
¿No te has cansado, tratando de superar a tus compañeros de trabajo, para mantener el ritmo a su vera?
¿No te has cansado de las doctrinas y los sentimientos de miedo, vergüenza y desgracia?
¿No te has cansado de intentar mantener la cabeza fuera del agua y salvar la cara con pertinacia?
¿No te has cansado de creer todas las cosas con las que creciste, que no valdrían ante ningún juramento?
¿No te has cansado de ser codependiente con la gente, pegándote a ellos como pegamento?
¿No te has cansado de sentirte triste, deprimido, melancólico y deprimido?
¿No te has cansado de preocuparte por lo que a los demás, de ti, se les haya ocurrido?
¿No te has cansado de sentir que no importa cómo estés, simplemente no es suficiente?

¿No te has cansado de sentir que, sin importar a quién te enfrentes, sigues sin ser indolente?

¿No te has cansado de repetir la historia de tu vida como un disco rayado una y otra vez?

¿No te has cansado de hacer un pequeño papel en tu propia serie dramática de la vida: ¿El Detective encubierto tal vez?

¿No te has cansado?

35. Jane Doe

Al nacer, su rostro brillaba como mil luceros,
Unos años después estaba llena de dudas, traumas, heridas y cicatrices en su fuero.
Nació en la humildad, pero creció para ser una princesa guerrera,
Estaba llena de energía, en contacto con su más profunda verdad personal... una mujer de alma verdadera.
Era ingeniosa, sabia más allá de su edad, no seguía ningún sistema ni proceso,
Forjó su propio camino en la vida y no siguió a ningún rey o heredero.
Su comportamiento era como un elixir—una poción mágica misteriosa y potente,
Su belleza y carisma eran como los rayos del sol, y las olas del océano imponente...
Una sensación subjetiva de gracia, belleza y moderación
El tiempo parecía detenerse... había un silencio interior... a pesar del ruido del mundo al que se enfrentaría en disensión.
Lo había olvidado, con la lluvia, el trueno y la tormenta, son una y se entienden.
Su condicionamiento la hizo sentir como las inundaciones, la sequía, la hambruna: cosas que descienden.
Lo olvidó, fue elegida para interpretar un papel en un juego holográfico simulado,
Que eligió a sus padres, hermanos, lugar de nacimiento y como ser nombrado.
Llegó un día en que se despertó y supo quién era en realidad,
Miró hacia la Vía Láctea y agradeció a las estrellas en infinidad...

36. Espera lo Inesperado

¡La verdad te liberará! —pero, antes de despertar, la verdad es un blanco en movimiento,
Hay que ser curioso, abierto e invitar a que se abra y revele su secreto.
Es contra intuitivo, pues tu intuición se ha visto comprometida por el estilo de vida moderno que desde tu nacimiento has llevado,
La atención plena, la meditación y la manifestación han sido sustituidas por la lógica y a la tierra las han botado.
Algunas personas se vuelven invisibles, orientadas al futuro, una cáscara de sí mismas: se vuelven como un espectro de lo que habían sido,
El entusiasmo de la vida se ha apagado—las sonrisas se han convertido en ceños fruncidos—la pasión y la humanidad se han perdido.
No me llevo bien con la gente que siempre está persiguiendo objetivos, que vive la vida como si fuera una guerra,
Nunca se conforman con lo que tienen, su lema es que más alto, más grande y mejor sea...
Siempre están corriendo detrás de las cosas, tratando de cerrar la brecha de logros,
Están demasiado ocupados para oler las rosas, para hacer el amor... no tienen tiempo para dormir cómodos.
Haces que el ego sea más fuerte, teniendo más enemigos adversos,
La conciencia colectiva se mueve desde polos opuestos.
Cuando te disculpas, liberas tu propia energía de una red de la violencia y autodestrucción,
Te liberas del juego de tu ego de autosaboteaje y dominación.
Te liberas de una energía que te tiene enviciado,
Hasta que lo aceptas y liberas—¡esto no debe ser sacrificado!
Sabes que la vida quiere exhibirte, ponerte en un aparador,
Quiere que salgas a divertirte, a reírte mucho y del juego ser un jugador...

¿Cómo te trata la vida? ¿tus miedos e inseguridades te arrastran del brazo?
¿O eres feliz y te diviertes, saltando de alegría como un payaso?
Haz que tu vida sea hermosa, como una obra de arte,
Ten una visión, una dirección, para que no que no logre derribarte...
La depresión te chupa el alma, te deja sólo con tu cáscara exterior,
Se arrastrará por la vida, las cosas funcionarán de manera inferior.
La vida no es sólo blanca o negra, sino que tiene cientos de tonos grisáceos,
Deja espacio para que entren inesperadas y matizadas versiones de tus deseos.
Tu visión será tu fuerza, te hará avanzar; verlo desde un panorama integral,
No estás en esta vida en un ensayo general, sino en una producción magistral...
La marea subirá todos los botes, así como tu bote,
Si tienes un agujero en el tuyo—se hundirá y puede que no flote.
Las cinco personas de las que te rodeas... serán culpa o fama por asociación,
Estas personas te elevarán a su nivel de conciencia, harán la vida dulce o te causarán dificultades y aflicción.
Tu carácter y personalidad cambian con el tiempo, crea tu propia realidad.
La cantidad y la rapidez con la que tomes decisiones se sumarán a tu carisma y intensidad.
Tu pasión es toda tuya, es tu aspiración,
Tu propósito es regalar tus dones al mundo, encender tu pasión...
Eres una central eléctrica, un generador de energía de alto voltaje,
Ve hasta el final, no te caigas por el precipicio: pero ve hasta el margen.
El éxito, no significa exceso—vivir lujosamente con más y más,
Querer y conseguir más y más, te adormecerás y hasta la medula sedarás.
A quién y qué permites en tu burbuja personal,
Puede convertir tu vida en un escombro dramático y premonitorio, un gran mal.
¿Qué haces, a fantasmas en la niebla persiguiendo?
Te encontrarás con muchos obstáculos, se atascará tu voluntad de siempre estar emprendiendo...
Vive tu vida, como si tus rezos hubieran sido respondidos,

Como si tu futuro yo, ya hubieras conseguido.
Imagina una vida que te haga feliz, que te llene y que te haga prosperar,
Asegúrate de que tus sueños sean grandes: ¡no seas artificial!
Recuerda que el tiempo es limitado, —quién sabe cuánto tiempo podrás estar...
Existe esa cualidad única en ti, cuando se expresa te salvará la vida,
Los dones que tienes, si se dejan sin expresar o se descuidan; comenzarán a destruirte, como el filo de una cuchilla.
O bien te ves empujado por la versión de otra persona, que te causa una vida dolosa y sufriente,
O te dejas arrastrar por tu propia visión interior, aunque vaya a contracorriente.
Tu energía será canalizada, enfocada con láser como la punta de una flecha,
Te guiará y conducirá hacia tus deseos fundamentales—los que imaginaste para venideras fechas.
Ve contra las convenciones, creencias obsoletas, aléjate de lo que se desea comúnmente,
Consciente de los valores que percibes en el fondo de tu corazón: conoce lo que deseas realmente.
Conviértete en una persona muy valorada, en un líder: el Alfa de tu grupo,
Los recursos te llegarán más fácilmente, un trozo más grande del pastel, un mejor cupo.
Deja que tu yo del futuro te guíe... imagínate cómo serás dentro de un mes de comprometerte,
Realiza todas las acciones necesarias que pongas en tu calendario, ¡y sé contundente!
Cada uno de nosotros tiene sus propias historias personales de carencia y limitación,
Crean barreras frente a nosotros y nos impiden nuestra plena expresión.
Tú no eliges los milagros, los milagros te eligen,
Cuando estés abierto y receptivo, sabrás que esto es cierto desde el origen.
Tener miedo de las cosas que no entiendes, es una traición mental que padeces,

Encerrado dentro, y con las llaves tiradas: sentado en tu propia prisión de cuatro paredes.

Lo que aprecias, se multiplica muchas veces y también serás apreciado,

Una actitud de gratitud, si falta, perderás: incluso lo que se tiene, todo será cortado y quemado……

37. ¿Qué te dices a ti mismo?

¿Qué te dices a ti mismo cuando estás solo y nadie te está mirando?

¿Qué te dices a ti mismo cuando te miras en el espejo, y visiones de un alma marchita es lo que estás presenciando?

¿Qué te dices a ti mismo cuando el trabajo que tienes es monótono y tedioso?

¿Qué te dices a ti mismo cuando eres joven y ves a otros que son ricos y famosos?

¿Qué te dices a ti mismo cuando los medios de comunicación te bombardean con mentiras exageradas y negatividad?

¿Qué te dices a ti mismo cuando quieres relacionarte con gente buena y tener una vida de prosperidad?

¿Qué te dices a ti mismo cuando te das cuenta que el colectivo ha perdido su visión?

¿Qué te dices a ti mismo cuando, bombardear a personas inocentes en tierras lejanas es un tipo de defensa, una estrategia y misión?

¿Qué te dices a ti mismo cuando la feminidad es pisoteada, puesta en cuarentena, y la masculinidad sobreexcede?

¿Qué te dices a ti mismo cuando se llama ilegal a los seres humanos, se demoniza a los débiles de la sociedad y se levantan paredes?

¿Qué te dices a ti mismo cuando ves que el mundo se vuelve autoritario?

¿Qué te dices a ti mismo cuando fanáticos y nazis han salido de las sombras y vomitan todo lo que es ario?

¿Qué te dices a ti mismo, cuando has estado en un internado durante nueve años que se sintieron como un encierro entre rejas y guaridas?

¿Qué te dices a ti mismo, cuando se necesitan muchos años de relaciones fallidas, lucha y desarrollo personal, para curar la mayoría de las heridas?

¿Qué te dices a ti mismo cuando tienes veinte años y viajas a tierras lejanas?

¿Qué te dices a ti mismo cuando la gente te ve con el pelo largo y asume que vendes droga y tocas la guitarra en bandas de rock y música pesada?

¿Qué te dices a ti mismo cuando estás en tus treintenas, sientes que la vida no es justa y que tienes mala suerte?

¿Qué te dices a ti mismo cuando tu familia y amigos piensan que eres demasiado ensimismada y nada parece moverte?

¿Qué te dices a ti mismo cuando finalmente terminas la universidad y obtienes tus diplomas?

¿Qué te dices a ti mismo cuando enseñas arte en escuelas públicas durante diez años y el estrés hace que sobre tus rodillas te desplomes?

¿Qué te dices a ti mismo cuando vas en contra de las normas de la sociedad y eres feliz estando soltero?

¿Qué te dices a ti mismo cuando sabes que eres una persona introvertida y que no te gusta hablar en las fiestas, que no tienes ganas de coqueteo?

¿Qué te dices a ti mismo cuando debes contar a los jóvenes el tipo de mundo problemático que probablemente hereden?

¿Qué te dices a ti mismo cuando te preguntan si las oportunidades en el futuro serán asumidas por un IA, o si seguirán basándose en aquello que merecen?

¿Qué te dices a ti mismo cuando estás en la cima de una montaña y gritas, y todo lo que oyes es un eco y un sonido?

¿Qué te dices a ti mismo cuando hay degradación del clima, extinción de animales y se destruye el medio ambiente hasta el exterminio?

¿Qué te dices a ti mismo cuando lo único que tienes para sentirte empoderado, es la oportunidad de votar una vez cada cuatro años?

¿Qué te dices a ti mismo cuando los políticos y el gobierno insultan a tu inteligencia y te tratan como a una oveja del rebaño?

¿Qué te dices a ti mismo cuando tienes problemas, intentas hacerlo lo mejor posible, pero todavía te falta magia?

¿Qué te dices a ti mismo cuando sientes que la energía se agota en tonterías, dramas, y sigues controlado por el ego y lo que contagia?

¿Qué te dices a ti mismo cuando observas naciones, etnias, religiones y grupos marginales que pertenecen cada uno a distintos agujeros?

¿Qué te dices a ti mismo cuando ves a personas inocentes y trabajadoras ser sacrificadas en el altar como corderos?

¿Qué te dices a ti mismo cuando te das cuenta que el pasado y el futuro no existen realmente?

¿Qué te dices a ti mismo cuando todo lo que necesitas, en el momento presente, es la creatividad que quiere alimentarte?

¿Qué te dices a ti mismo cuando miras, en las galaxias por la noche, a las estrellas?

¿Qué te dices a ti mismo cuando ves a un búho volar en absoluto silencio, y atrapar a su presa en pleno el vuelo como una centella?

¿Qué te dices a ti mismo cuando las abejas están muriendo en masa, y, aun así, no podemos conseguir suficiente de su dulce miel?

¿Qué te dices a ti mismo cuando persigues poder, estatus y dinero por, al crecer, un adoctrinamiento cruel?

¿Qué te dices a ti mismo cuando te sientes rodeado de caos, culpa y chismes?

¿Qué te dices a ti mismo cuando creciste en tierras lejanas... rodeado de bravucones, abuso verbal, físico y timidez?

¿Qué te dices a ti mismo cuando naces, y únicamente te dan una familia establecida, un entorno y un nombre asignado?

¿Qué te dices a ti mismo cuando tienes más de cincuenta años y te das cuenta de que todo esto no es más que un juego virtual-holográfico-simulado?

¿Qué te dices a ti mismo, cuando tu mayor propósito en la vida es simplemente ser tú mismo y ser libre en tu camino?

¿Qué te dices a ti mismo, cuando lo único que quieres es ser la mejor versión de ti mismo, compartir tus dones con el mundo y cumplir tu destino?......

38. Destroza la ilusión y rómpela!

En estos días, la cultura se ha convertido en un yo, yo, yo con obsesión.
La gente que busca la fama y el estatus con personalidades falsas, harán cualquier cosa para llamar la atención y salir en la televisión.
Observa, mucha gente quiere verse bien, en forma y saludablemente,
Persiguiendo la fuente de la juventud, pero muy pocos llegan a tenerla realmente.

Toda la atención y el enfoque están en la superficie, todo parece estar hacia el exterior proyectado,
Muchas mujeres con pechos postizos, labios hinchados, con Botox inyectado...
La belleza tomada como rehén, subyugada a los prejuicios,
La estética ha dado paso a "la forma sigue a la función": ¡lo cual es mala práctica y mal juicio!

Hay muchas narrativas en el paisaje cultural moderno,
Las máscaras cotidianas desgastan; alienada, la persona busca un escape materialista adictivo alterno.
Donde la paz se sacrifica por la nacionalidad y el patriotismo,
El pensamiento frío y racional ha dado paso a la mentalidad de turba y al tribalismo.

Todo tiene que estar en venta, incluso la dignidad, el alma; el cuerpo se convierte en un muerto viviente,
Donde la claridad de propósitos, la visión interior, el sentido común, todo se ha ido... aun teniendo ojos, no se es vidente.

Trabajar duro día y noche, todo para llegar a fin de mes, se ha convertido en nuestro devenir,

En un mundo dividido, hay personas que admiramos con gran estatura, como Gandhi y Martin Luther King.

Persiguiendo fantasmas en el espejo retrovisor, imaginando que algún día lo conseguirás,

Han pasado los años, pero todo es humo y espejos: ¡consigue destruir la ilusión y rómpela! ¡Destruye la ilusión y rómpela! ¡Destruye la ilusión y rómpela!

39. Sé un emprendedor

Crea tu propia economía, tu propio negocio, conviértete en un emprendedor,
Si cambias tus horas, tus habilidades y tu tiempo por dinero—vivirás tu vida entre el estiércol y el hedor.

Tus inversiones deben revalorizarse y mientras duermes darte dividendos,
Tu dinero bien ganado, debería componerse con el tiempo —no con el Tío Sam — tus beneficios deberían ser estupendos.

Lo que la gente realmente busca es un profundo estado interior de plenitud y ser,
Puede ser la paz, la alegría, el amor, la libertad, la plenitud... ¡no tiene nada que ver con hacer o tener!

La mayoría de los emprendedores se centran en aprender y poner en práctica la última tecnología,

En su lugar, deberían centrarse en aprender todo lo que puedan sobre los seres humanos y su psicología.

La tecnología seguirá cambiando con el tiempo; lo que sabes te ayudará en este instante,

La evolución es un proceso muy lento; la psicología humana permanece casi siempre igual y es constante.

Tienes que convertirte en un alquimista moderno, convertir el plomo en oro, lo invisible en visible,

Haz tu magia con compromiso y constancia, muestra al mundo lo que es posible.

Llegará un momento en el que hagas lo tuyo, te inspires en un estado relajado y puedas jugar,

A la gente le encante lo que le ofreces, se lance a tus pies y quiera pagar.

Más allá de esto hay creencias universales, específicas de ciertas culturas y normas,

Actúan como un acuerdo mayor para la realidad, donde se detiene la posibilidad y el engaño se forma.

Quieres ver el cambio y trabajar en tus problemas; pero a menudo permanecen intactos, ya que no tienen gran significación,
¡Romper estos acuerdos sería salirse de la mentalidad empaquetada y arriesgarse al rechazo y a dañar tu conservación!
Las creencias universales están arraigadas y se sienten como hechizos mágicos hipnóticos,
Están muy metidos en la psique y funcionan como los silbatos y campanas de condicionamiento neurótico.
Uno de los hechizos mágicos hipnóticos, es que estamos separados de nuestro bien; debemos conseguirlo, lograrlo o atraerlo: diré lo indecible,
Esta es una gran mentira que frena a muchos en su capacidad de alcanzar la abundancia, de forma sostenible.
Otro hechizo hipnótico es que el dinero y las cosas son riqueza—¡eso simplemente no es cierto!
Lo que la mayoría de la gente persigue no es lo que realmente quiere, y eso hace que la vida sea agria e incierta.
La suerte y la sincronización son los efectos secundarios positivos de estar en sintonía con tu energía,
Quien eres, lo que haces, lo que tienes, todo está alineado y en sinergia.
En la zona gris es donde se encuentra la complejidad, la humanidad, donde se encuentra la verdad,
Si tu visión no tira de ti, entonces la vida te causará dolor, te dará el stand.
Tienes que ser observador y encontrar: ¿dónde está tu punto ciego?
Sé cien por ciento responsable de ti mismo; ¡asegúrate de tus problemas ser el labriego!
El efecto que tienes en otras personas, es tu moneda de mayor valor,
Si tienes ojos, pero no puedes ver, date cuenta que no te sientes atraído por una visión interior.
Cuando amas lo que haces, la vida parece mucho más valiosa,
La idea misma de trabajo desaparece, y se viven experiencias que son hermosas.

El trabajo se parece más a un buen reto, o a un juego que estás jugando, se trata de fluir,

Busca siempre un trabajo que te guste y muévete hacia un trabajo en el que sientas así.

No tiene sentido, pasar la mayor parte de nuestras horas despiertos en el trabajo para ganarnos el pan y la salud,

Así, podemos continuar con una vida en la que pasamos la mayor parte de nuestras horas despiertos trabajando en esclavitud.

Deja de tener una mentalidad de empleado, trabajando cinco días a la semana en el trabajo, de nueve a cinco,

Esto hace que la mayoría de las personas sean esclavas de sus circunstancias; en modo de supervivencia, olvidando cómo prosperar, sin ahínco.

Lo fuerte que seas dependerá del eslabón más débil de tu cadena,

El conocimiento y la sabiduría que persigues —en los que inviertes— es lo que realmente conllevas.

No puedes manejar en esta realidad de tiempo y espacio, lo que no puedes medir,

Esto te permitirá saber cuándo tu tesoro, estás más cerca de conseguir.

La forma en la que te comunicas es clave y la magia que creas,

La solución es más valiosa, que los dólares que cobras y que generas.

Estás vendiendo un resultado, no intercambiando tu tiempo o tus habilidades,

Estás ahí para resolver los deseos más profundos de tus clientes, no sólo para pagar cuentas y otras frugalidades.

Deja de vender información y empieza a vender transformación,

Tus clientes y las personas a las que sirve, con valores buscan un cambio y una solución.

Tienes que ser capaz de resolver los grandes problemas; serás tú, entonces, con quien quieran crecer,

La intimidad vence a la autoridad, saber y no hacer es no saber.

Cuando cobras más, atraes a los clientes adecuados, empiezas a construir tu propio rebaño,

Ya les gusta y confían en ti, quieren seguirte y no necesitan ser comprados.

Un campeón en el arte de vivir, no hace distinción entre el trabajo y el jugar, No hay diferencia entre la labor y el ocio, la educación y el recreo, el enfoque está aquí y se va a quedar.

Simplemente, persigue una visión de excelencia a través de lo que estés realizando,

Para los demás, usted se muestra relajado y realizado: a ellos les corresponde determinar si está trabajando o jugando...

40. Mundo ficticio

Vivimos en un mundo ficticio, hecho de mitos, leyendas, narraciones e historias,
Buscando la luz en lo femenino; lo masculino persigue metas, logros y glorias.
La energía masculina busca validación a través de la solución,
La energía femenina busca conectar a través de la expresión.
Vivimos con un sistema educativo: lineal, fragmentado, alienante, lógico... como relojes mecánicos perseguir,
¡La gente vulnerable viviendo en proyectos, y en viviendas de bajo costo, que por cuadras y cuadras se parecen esparcir!

El culto a la personalidad, los falsos líderes, las cabezas parlantes, los charlatanes por igual,
Nos dirigen hacia el abismo, el tiempo frente al micrófono se pierde por un caudal.
¿Pensamiento mágico o pura y dura realidad?
No debería haber dos campos, la ciencia y espiritualidad.
Un enfoque holístico es vital... hay que buscar su unidad,
Acorta la brecha entre ellos, y entonces a todos les empezará a importar de verdad.

El trabajo de los medios de comunicación es adoctrinar, inyectar miedo—un mecanismo de control: ¡asesino de conciencias!
¿Quizás la vida ocurrió cuando eras joven, como un thriller psicológico en secuencia?
Los medios no son la entidad, que informan de manera imparcial y hacen justos análisis,
En cambio, quieren influir y controlar, y provocar una total parálisis.
Pasar tiempo frente a las pantallas es para el alma intoxicante,
Es la proverbial zanahoria colgante.

Prosperidad financiera y una gran vida que queremos vivir,
Son objetivos que, en cooperación, todos podemos conseguir.
Asume riesgos, comete errores, ve más allá, se ágil y flexible,
Desintoxícate, desordena, deshazte de las distracciones y haz las cosas simples.
Las expectativas son la raíz de toda decepción,
El amor sin condiciones es la clave de tu salud, riqueza y satisfacción...
La complejidad te impedirá pasar a la acción; crea resistencia a la ejecución,
A veces el desorden que dejas atrás se convierte en tu mensaje; ¡y tu mensaje se convierte en tu salvación!
Tu personalidad refleja tu propia realidad,
No consigues lo que quieres, consigues algo igual de lo que eres en la actualidad.

Deja que la inspiración te guíe y te mueva, y que sea la respuesta a tu llamada,
La duda y el autosaboteaje siempre pasarán factura salada.
Crea un espacio en tu vida para la intriga... la magia en lo inesperado,
Simplifica tu vida: elimina lo complejo y lo sofisticado.
Dependiendo de tu edad, ¿ha alcanzado algún tipo de madurez?

¿O estás atrapado en una carrera que es segura, que asegura tu supervivencia, que te da la ilusión de solidez?
Genera impulso, sal afuera, ponlo en práctica: aunque no tengas idea de lo que haces,

Algo divertido y emocionante para lo sólo tú puedes hacer.
El mundo es tu propia ostra gigante, así que deja que la perla que hay en ella prospere y crezca,
Abre tus dones para que el mundo los vea... no te esconda de tu mañana, deja que aparezca....

41. El dilema del rapero

Sentirse desconectado, desarticulado, fuera de contacto con la vida y el flujo... nada que hacer, ningún lugar al que ir tan apresurado,
Siguiendo a la multitud como ovejas al matadero, huyendo de la verdad como un marginado.

Me dijeron que ese era el comienzo de la caída: prisión, alcohol, sexo, pandillas, drogas, Hip-Hop, y Rock 'n Roll...
Vivir inconsciente en los tiempos modernos, convirtiéndose en carne de cañón para "El Hombre en el rol",
Centrado sólo en la superficie, en tu aspecto, lo que bebes, con quién te juntas: ¿lo único que quieres es estar bronceado perfectamente?

¿Dónde está el ritmo fresco de la vida, dónde está el baile, la música, la diversión constantemente?
Nada de estas políticas divisorias, nada de "estar bajo la pistola" metafóricamente.
La mayoría de los jóvenes están desilusionados y sólo quieren fiesta y parranda,
Olvido de las ondas sonoras armoniosas, los Illuminati y la geometría sagrada.

Ríndete al flujo y corriente de la vida, con total aceptación, para empezar a vivir de verdad,
Tomar y querer más y más es como la muerte—¡empieza a dar!
Mensajes subliminales, escuchas secretas, programación por los medios de comunicación todos los días,
Te hace funcionar con el piloto automático -un esclavo del sistema- desde el nacimiento hasta la tumba... ¿qué dirías?

Tu alma, cuerpo y mente, tomados por la recesión económica, el engaño de los medios de comunicación y el adoctrinamiento cultural...

Resistirse es inútil, se piensa; muchos se detienen y abandonan la lucha: esta inteligencia artificial tiene un apetito bestial.

Hay gente caminando entre nosotros que son zombis y codificados: ¡es el regreso de la Máquina, doblemente tenaz!

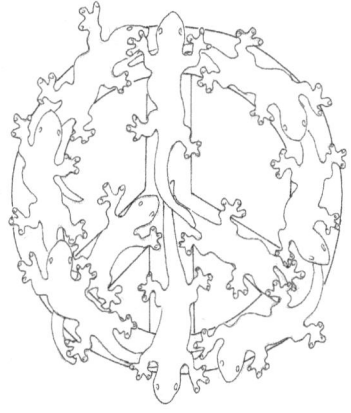

42. Donde soplan los vientos salvajes

En el pasado tenía la sensación de estar corriendo, siempre en movimiento,
Yendo hacia donde soplan los salvajes vientos.
Pero ahora me tomo las cosas con calma, me tomo las cosas muy lentamente,
Permitiendo que la semilla se adentre en la tierra, para que crezca y su naturaleza única se manifieste.
Que tu gratitud y amor propio sean sinceros, ¡que tu copa esté llena de ansias de viajar y rebose constantemente!

En el universo hay perfección, belleza y magia; en el plano humano hay caos y desorden innato,
El perfeccionismo es el enemigo—el miedo oculto como
virtud—que mata; es exactamente como el asesinato.
Pasarás por muchas fases de crecimiento, la única constante en la vida es el cambio y la muerte,
Tu subconsciente saboteará el cambio por defecto, las frustraciones te darán ganas de encogerte.

Para el subconsciente, el cambio es como si una parte de ti muriera; esto es algo que descubrirás,
Hará todo lo posible por volver al pasado, ahí es cuando la fase de crecimiento terminará.
Tienes que crecer desde dentro como ser humano; cuando creces, todo crece también a tu alrededor,
Tú decides vivir en el cielo en la Tierra, o eliges que tu vida no sea ideal; tú eres el creador, de tu vida el constructor.

No dediques toda tu energía a perseguir el dinero, este puede ser un humilde servidor o un brutal capataz,

El dinero es un concepto que tienes que entender desde el principio, o tu vida será una montaña rusa voraz.

Es un concepto, una energía que hay que seducir, con la que hay que hacer amistad: esto hay que captarlo y entender,
El dinero puede compararse con un gato: tiene que ganarse tu confianza para quedarse y volver.

Con un valor percibido en el mercado, la suerte y las oportunidades a llamar a tu puerta comenzarán,
Pronto se cumplirán tus deseos y dejarás de pedir más.
Céntrate en crecer, en hacerte valioso e indispensable,
La suerte empezará a acompañarte; empezarás a hacer las cosas posibles y a sentirte increíble.

Hay que pasar de lo transaccional-lógico a lo transformacional-inimaginable,
Salir y alejarse de lo que es familiar, te hará despertar a lo que es posible.
El valor proviene de los dones que ya tienes y de lo que te resulta natural,
Algunas de las cosas que amas en la vida, para el mundo, tienen un valor descomunal.

En la vida puede parecer que los acontecimientos suceden por casualidad,
Pero es una forma de mostrarse que te lleva a la libertad.
La vida no te sucede, la vida sucede *a través de ti*,
Todo en lo que necesitas centrarte, para permitir que florezca, es todo lo que valoras en tu vida y en ti.

Regala al mundo tus talentos únicos, continúa, sigue adelante,
Todo lo que buscas, después de todo; al final... ¡estás buscando al TÚ que eres, entera y completamente!

43. Algunos corazones laten como uno solo

Hay personas en este mundo cuyos corazones laten como uno solo desde el principio, desde el primer momento,
Cuyo amor por el otro no tiene límites, y deben estar juntos, porque estar separados es un tormento.

Hay personas en este mundo, con las que nuestros corazones laten como uno,
La vida nunca está completa, hasta que nos volvemos a encontrar, y las cosas se develan, no están listas para ninguno.

Hay una historia de hermanas gemelas que nacieron con minutos de diferencia; la primera gemela fue separada de su hermana, debido a su condición,
La segunda gemela fue colocada en otra incubadora ya que no mostraba signos de alguna complicación.
El estado del primer gemelo empeoró y las enfermeras no sabían qué hacer,
Sus signos vitales estaban bajando, pensaron que no podría vencer.
La enfermera, jefe de pediatría, tuvo esta brillante idea: "unamos a los gemelos, sus corazones laten como uno, se pertenecen el uno al otro."
Cuando las hermanas se reunieron, la primera gemela se acercó mucho a la segunda; parecía que abrazaban y acurrucaban su cuerpo junto al otro.
Cuando volvieron a estar juntas, los signos vitales de la primera gemela se normalizaron y sus latidos se dispararon: ¡no debían estar separados!

Hay personas en este mundo con las que nuestros corazones laten como uno,
La vida nunca está completa, hasta que nos volvemos a encontrar, y las cosas se develan, no están listas para ninguno.

El joven marinero se despidió de su madre y emprendió su viaje de vuelta a la Marina, el estar fuera de servicio se había acabado,

El latido del corazón de la madre coincidía con el de su hijo en el vientre materno; esa es la magia y el poder del amor, un vínculo mutuo en el que están atrapados.

Algo horrible ocurrió, y un terrorista suicida se inmoló, llevándose un barco y unos cuantos hombres en un chasquido,
El corazón de la madre la alertó saltándose algunos latidos; supo en su interior que, cerca de las costas de Yemen, algo terrible había ocurrido.
Ese es el poder del amor, el vínculo entre una madre y su hijo, sus latidos siguen latiendo como uno solo.

Hay personas en este mundo, con las que nuestros corazones laten como uno,
La vida nunca está completa, hasta que nos volvemos a encontrar, y las cosas se develan, no están listas para ninguno.

Había pasado a un plano pacífico diferente, donde nada de este mundo tridimensional existía,
Lo sabía en su corazón, sus días estaban contados; su hijo era la razón más importante por la que vivía, y él, era lo que extrañaba y la entristecía.

Hay personas en este mundo cuyos corazones laten como uno solo desde el principio, desde el primer momento,
Hay personas, cuyo amor por el otro no tiene límites, y deben estar juntos, porque estar separados es un tormento.

44. El lenguaje del corazón

Más allá del bien y del mal, del tiempo y del espacio, de lo correcto e incorrecto.... Encontrémonos allí,
Un lugar de belleza, serendipia, paz y magia: donde la vida es justa y carmesí.
Donde el amor es supremo, el corazón se abre de par en par; deja absolutamente de lado todo temor,
La vida fluye río abajo, sin esfuerzo y sin problemas... no es necesario cambiar ninguna marcha con rigor.

Déjate envolver por lo que sueñas y lo que deseas,
Sin juicios ni ego, deja que tu alma estalle y explote con truenos y centellas.
Haz que tu sueño futuro sea un hecho en el momento presente, un deseo ya concedido,
Imagina la sensación de tener tu deseo cumplido, procedente del lugar donde ya ha sucedido...

 En el mundo cuántico, todas las cosas son una posibilidad, así las frecuencias existen en su ser,
El lenguaje físico de la forma y la materia, sin duda reaccionará, llevando a cabo el lenguaje que puede entender.
Hazlo antes de emprender el viaje de los sueños y el deseo, desde el principio y razón,
El lenguaje principal proviene de sentimiento más profundo: ¡el lenguaje del corazón!

45. La experiencia

¿Por qué sigo usando todas estas máscaras diferentes?

Esta máscara es como me ven los demás; otra, es la que me pongo cuando no hay nadie presente...

La máscara que me pongo para que el público me vea como—se siente tan superficial a veces,

Con toda la palabrería, todos los gestos... falsos sueños y esperanzas que desees....

¿Por qué mi alma arde por dentro, y necesita de lágrimas para apagar el clamor?

¿No son lo suficientemente altos los muros que construyo a mi alrededor?

¿Olvidé colocar una puerta de la salida?

¿Es la vida realmente tan complicada, o soy que la vuelvo sufrida?

¿Cuánto tiempo me queda en este lugar físico?

¿Cómo me conecto lúdicamente con el campo de los sueños, infinito y metafísico?

¿El niño que hay en mí es feliz o quiere huir?

¿Por qué, al susurro de la sabiduría del sabio que murmura dentro de mí, no puedo oír?

¿Me mintieron cuando era pequeño?

¿Es la vida lo que me dijeron?

¿Por qué me siento atascada en un valle de rocas, empujándolas hacia empinados montes?

¿Dónde está la música de los pájaros cantantes?

¿Dónde está la danza de los pequeños insectos bailantes?

Acabo de despertar de un sueño profundo y relajante....

46. El viaje de la vida

Cómo has estado compañero de viaje, en este camino llamado vida,
La vida se corta de muchas maneras, pero tú no dejas de culpar a la cuchilla.

El viaje puede ser, a veces, traicionero; lleno de retos y conflictos,
A veces, las cosas irán como tú quieres, muy suavemente; otras veces, deberás jugar tus cartas y dar tus desafíos.

Todo atardecer es también un amanecer en alguna parte—todo santo es un pecador,
Toda moneda tiene dos caras... ya que estás aquí, ¡eso te convierte en un ganador!

Una cosa es segura, y es que: la vida no es sólo cosa material,
Recuerda que no te llevarás nada cuando la luz que hay en ti sea oscuridad total.

No le des tu poder a alguien con una bata de laboratorio y dinero,
O pronto, el barco flotante de tu vida, tendrá agujeros.

Eres tan fuerte como, tu más débil eslabón,
La forma en que juegues determinará si nadas o te hundes en dimisión.

La sabiduría de tiempos pasados, escuchando la verdad contada por los sabios iluminados,
Conocer, comprender y experimentar la vida en el Ahora... no el destino, sino gradualmente, por etapas andar.

Las palabras pueden tener la dulzura de la miel, o la amargura que te puede hacer llorar,
Pueden hacerte llegar a un estado de cielo, incluso antes de morir.

El subconsciente es como un ordenador central, y su potencia de cálculo está más allá de cualquier intento de medir,
En él está todo lo que siempre has querido y deseado; dentro, está literalmente todo el tesoro escondido.

Sube y baja en ciclos, y en ondas de energía encuentra sentido,

La mayoría de las veces está en trance, hipnotizado y aturdido... así es comprendido.

Despierta a tu potencial, asume la responsabilidad, haz que sea tu efecto,
O la hipnosis de la cultura, el entorno, la crianza, se impondrá por defecto.
La vida sólo tiene una agenda, realizar el potencial de la semilla,
Tu es la expresión de esas cualidades, la esencia es sencilla.
Cada uno lucha por su propia perspectiva, ¡requiere tiempo, paciencia y práctica en demasía!
Si no se realiza pronto, se pierde una gran parte de la vida.
Preocuparse es implorar por lo que no quieres—imaginar el peor escenario posible,
El caos y la distracción se colarán y convertirán la vida en un Rodeo inexequible.
Vive tu vida como si tus rezos ya hubieran sido escuchados,
Tu destino actual no es tu destino final: ¡aquel que se ha cancelado!
Suprimir las emociones lleva a la depresión, a la falta de una propia expresión,
No estás limitado por los recursos, sino por el ingenio y una confesión.
Incluso las partes más dañadas, que imaginas de tu alma espiritual,
Tienen la eternidad y la divinidad dentro de ellas, y el brillo áureo real.
Sigue moviéndote, sigue avanzando y sigue creciendo... como el acero hazte resistente,
No se puede curar lo que se oculta y está ausente.
No ocultes el trauma que tu vida ha marcado,
Las palabras que pueden cortarte, también pueden dejar todo alterado.
Hay algo dentro de ti que está destinado a grandeza,
Es la luz dentro de ti, en lo más profundo de tu esencia.
Las penurias, el abandono, la desidia... el dolor mental, físico y emocional,
Los remordimientos, el tiempo desperdiciado... te moldearon y formaron en la persona que has llegado a ser: ¿crees que fue todo casual?

47. Nacido en este mundo

Nacidos en este mundo desnudo y con miedo, el cordón umbilical cortado con una cuchilla violenta,
De repente, el papel de mamá cambia de ama de casa a sirvienta.

Nacidos de un mundo de pura luz y amor, todos nacemos dulces como un pichón, transferidos a este mundo con na razón.

Nacido en un mundo de dualidad, desigualdad—superficial mentalidad,
La sociedad les ha quitado sus poderes antes de tiempo... la única opción que les queda es la mediocridad.

Nacido de un mundo que emana de la Fuente, lo inefable—una chispa de lo Divino,
Pero pronto aprendemos a separar, a competir, a difundir... eso es tuyo y esto es mío.

Nacido en un mundo que espera dormir en una cama cómoda y vacía,
Ya que hemos estado corriendo en círculos todo el día como una gallina sin cabeza: desangrada la vital energía.

Nacido en un mundo de muchas preguntas, como, ¿cuándo, por qué y dónde está el centro?
Sé que eres una persona curiosa y entusiasta... todo lo que tienes que hacer para encontrar respuestas: ¡es mirar dentro!

48. Un trabajo de amor

A veces se necesita todo el día para forjar una palabra, una obra de teatro o escribir una poesía,
Pero está bien, porque es un trabajo de amor.

A veces te dicen que sólo te concentres y estudies en la escuela, debes lidiar con un montón de tonterías y heces,
Pero está bien, porque es un trabajo de amor.

A veces, el sueño por la noche no se puede obtener, el recién nacido llora y necesita ser alimentado hasta el amanecer,
Pero está bien, porque es un trabajo de amor.

A veces, tocas tu instrumento y practicas noche y día, el trabajo duro hace que en los dedos tengan cicatrices y heridas,
Pero está bien, porque es un trabajo de amor.

A veces, parece que te enfrentas a tantas cosas insalubres, borrachos, traficantes, abusos y delincuencia... ves la vida como suciedad y mugre,
Pero está bien, porque es un trabajo de amor.

A veces parece que tu vida ha pasado tan furiosa y velozmente, que atesoras los recuerdos y te preguntas "¿cuánto tiempo más durará realmente?".
Pero está bien, porque es un trabajo de amor……

49. Los tambores de la revolución

Los tambores de guerra son huecos, pero me dañan los timbales de los oídos,
Millones de niños en el mundo mueren de hambre y buscan migajas entre quejidos.
Las noticias en 2018 son todas de desesperación y crisis,
Aparecen en las pantallas catástrofes, guerras, terrorismo y grupos como ISIS.

Los imperios se desmoronan y desde dentro, se destruyen a si mismos,
Pan y circo, narcisismo, sociópatas: antes de matarse a sí mismos.
Inocencia sacrificada, naturaleza devastada, miedo y codicia,
Los Cuatro Jinetes del Apocalipsis están bajando de los cielos, es noticia.

Las bombas nucleares no admiten prisioneros de guerra,
Es la forma menos diplomática e inhumana de ajustar una querella.
Las decisiones importantes se dejan en manos de estrellas de reality show incompetentes,
¿Nos hemos vuelto tan ilusos como para no ver toda esta farsa evidente?

Sé que la vida parece injusta y complicada,
¿Qué ha pasado con la gente cuidadosa y compasionada?
No dejes que los medios de comunicación, la política y el gobierno te digan: no tienes poder,
Organización, resistencia pasiva, revolución... ¡Es momento de emprender!

50. La Musa

Me sentí sola y triste, anhelándote; solo somos mi guitarra y yo,
Ansío volverte a ver, a tu presencia tan cercana... y sin embargo pareciera que de ti huyo.
Cierro los ojos, y todo en lo que puedo pensar es tu cara,
Reflejando un caleidoscopio de belleza y elegancia preclara.
He sido tan salvaje llamando tu nombre—porque no puedo hacer que nada funcione sin mi Musa,
La vida se ha vuelto aburrida y simple, alrededor de mi cuello como una soga contusa.
Pensaba dejarlo y acabar con la creatividad que tengo,
Pero entonces llegaste tú, y empezamos de nuevo a bailar, cenar y beber vino frailengo.
Entonces caí en la cuenta y me di cuenta: una epifanía,
Tenía mi propio destino que cumplir; estaba en mi propia y eterna travesía.
La belleza es un estado alterado de conciencia, un momento extraordinario de poesía y gracia,
Nos abre las puertas y la luz, la verdad, llega; aquella que podemos aceptar y abrazar con clemencia.
La belleza puede sacarnos de nuestro condicionamiento, señalar algo más allá de lo cotidiano, lo ordinario,
La belleza emancipa, insinúa un reino de lo sagrado; despierta impulsos extraordinarios.
Pasamos por años de juicios y tribulaciones—las opiniones de otras personas y prejuicios,
Siempre estamos en un estado de afluencia —de llegar a ser—somos un trabajo en progreso y con ciclos...

51. Te pregunto y quiero ser feliz

Las palabras crean mundos... ¿Es eso cierto?, te pregunto
¿Es la pluma es más poderosa que la espada?, te pregunto
Lo que ves, tocas, hueles, oyes y saboreas, ¿es todo lo que hay?, te pregunto
¿La belleza es real, o sólo es una nube de átomos que da vueltas en tu mente? te pregunto
¿Aquello que te dijeron mientras crecías la verdad? te pregunto
Lo que sientes ahora, ¿es todo lo que hay por sentir? te pregunto
En una dimensión de dualidad, ¿se olvida la unidad? te pregunto
¿Creas un espacio dentro de ti para la eminencia y la gracia? te pregunto
¿Hasta dónde se puede entrar en el abismo del alma? te pregunto
¿Hasta qué punto entras en las hendiduras y serpenteas las grietas? te pregunto
¿Cuan de superficial es tu comprensión de la antigua sabiduría transmitida? te pregunto
¿Qué tan poco profunda es el agua que ha llevado el mensaje? te pregunto
¿Qué altura tienen las montañas que se elevan por encima de las nubes con esplendor? te pregunto
¿A qué altura está el altar donde sacrificáis a los dioses? te pregunto
Quiero ser feliz, sin ninguna razón
Quiero ser feliz, en cada estación
Quiero ser feliz, bajo la cálida luz del sol
Quiero ser feliz, incluso donde no hay alegría, juego o diversión
Quiero ser feliz, tanto si empiezo mi viaje, como si lo termino
Quiero ser feliz, viendo que la luz de las estrellas en su resplandor continuoQuiero ser feliz, donde mi alma quiera estar
Quiero ser feliz, cuando mis ojos están cerrados, pero puedo observar
Quiero ser feliz, donde la naturaleza es salvaje y libre
Quiero ser feliz, donde tu reflejo sea el mismo que en mi vibre
Quiero ser feliz cuando soy juguetón, lleno de alegría

Quiero ser feliz cuando abrace un árbol gigante lleno de energía
Quiero ser feliz, donde me relaje y una taza de té pueda disfrutar
Quiero ser feliz: y a todos los confines de la galaxia viajar...

52. Me pregunto

Me pregunto, ¿hasta dónde tiene que volar una mariposa antes de posarse en un lugar propicio?

Me pregunto, ¿cómo las águilas persiguen a su pareja y la invitan a construir un nido?

Me pregunto, ¿hasta qué punto los salmones nadan río arriba contra la corriente, y lo intentan sin cesar?

Me pregunto, ¿cómo ponen sus huevos y dan su vida a las crías para luego su vida finalizar?

Me pregunto, ¿cuánto tiempo tarda un bebé en tener hambre antes de empezar a llorar?

Me pregunto, ¿qué distancia nadará una tortuga antes de llegar a la orilla en su caminar?

Me pregunto cómo pone sus huevos, los cubre y desaparece de nuevo en el océano.

Me pregunto, ¿cómo hay gente que trabaja muchas horas, y justifica los medios a los fines en vano?

Me pregunto, ¿cómo un árbol de bambú se inclina y dobla ante la tormenta?

Me pregunto cómo viven los pingüinos en las zonas remotas, frías y desoladas; en los extremos del planeta....

53. Historia de amor

Quiero difundir el amor en este mundo, en todas sus manifestaciones,
Quiero detener la propagación del dolor y el sufrimiento, en todas sus infestaciones.
Quiero sentir el amor y difundirlo—de aquí a la luna y de retorno,
Quiero difundir en este mundo que el amor es abundante: ¡no es roñoso!
Quiero ser tu primera enamorada y tener un primer beso,
Contigo la vida es mucho mejor, viviendo en una dicha sin receso...
Una vida hermosa, una danza de gracia y brío,
Llamándote suavemente para que vengas a jugar cómodamente en ella y su brillo.
No tienes miedo del nuevo amor que has conocido
¡Tienes miedo del dolor pasado que has sentido!
Hay que demostrarles quién es la reina—quién es el monarca.
Se abrirán a ti, como un canario, que con su canto desembarca.
Cuando no hay comunicación, las flores comienzan a marchitarse...
El amor que compartiste empieza a perecer, no querrá quedarse.
Me levanto al amanecer
Para nadar a la luz del sol y su resplandecer
Deja que el sol te caliente
Deja que el viento te seque
Permite que lo profundo en el océano te limpie las hieles
Así, podrás dormir bien y descansar sobre tus laureles.
Que la poesía sea el postre del alma
La creatividad en sí misma es el objetivo principal,
Necesitas un crecimiento personal, como ser humano
Cuando creces, todo crece a tu alrededor: su oleaje,
Tú eres el creador, el diseñador, el constructor de tu vida, así que vive a lo grande y vive bien en tu propio paraje.

54. Por favor, ¿ayuda a detener todas las guerras?

Niños de inmigrantes separados de sus madres y metidos en calabozos,
Personas que huyen de la delincuencia, del desempleo y de no poder llevar comida a la mesa con sueldos poco copiosos.
Tratamos a los solicitantes de asilo en este país como corderos de inmolación,
Separar a los niños pequeños de sus padres y enviarlos a campos de concentración.
Muchos caminan por terrenos traicioneros, con la esperanza de la inmigración,
En cambio, pasan años como criminales endurecidos en forzosa detención.
Yo mismo, un inmigrante empedernido, hasta la médula rotunda,
Nunca había tenido un lugar al que pertenecer, donde echar raíces profundas.
Hay millones de personas en el mundo que son refugiadas,
Sin apoyo y sin un lugar al que ir, zumban y vuelan como abejas desorientadas.
Existe un peligro cuando los seres humanos son vistos como un otro,
Prescindibles, utilizados como carne de cañón, maltratados y tratados como estorbo.
Baja a lo más profundo de ti mismo, conéctate con la Fuente que en ti encierras
Entiende que eres uno con la Conciencia de la vida, por favor ayuda a parar todas las guerras...

55. Espiritual

Aquello que amas, potencias; a lo que temes, le das clamor.
A lo que das a tu poder, atraes a tu vida... como una abeja atraída por una flor.
Camina en tu luz y verdad, destierra el miedo de tu mente,
Y todos tus obstáculos y barreras irán desapareciendo paulatinamente.
Deja ir el pasado, y te sentirás muy ligero
Como una hipnotizante y colorida mariposa en pleno vuelo.
Deja que tu vida sea una casa de espejos,
Un caleidoscopio de hermosos interiores de colores añejos.
Estar presente, ser agradecido, ser cariñoso, ser amable y dar...
Haz que tu corazón irradie amor, así, tu vida debes afrontar.
Una ligereza, un flotar, la humildad que es genuinamente gentil,
Todos los juicios se revelan al final como juicios propios, ¡no te encandiles!
Trata a tus hijos con respeto, sabiduría y precaución,
O el trauma y el maltrato se transmitirán a la siguiente generación.
Los niños son como cámaras, descargan lo que ven,
Su comprensión es como que se sienten—así es como aprenden a ser.
La mayor parte de la vida está gobernada por energías invisibles que no puedes ver,
Energía que opera por debajo del radar visible, indetectable para los sentidos—
¡debes entender!
Cuando te das cuenta de que la pluma es más poderosa que la espada,
¡No se genera mayor poder que cuando te comprometes con tu palabra!
Cuando comprendas esto, crearás poder y riquezas en un caudal,
La fuerza es una forma arraigada en el mundo material tridimensional.
Estudias el pasado y aspiras a un futuro seguro,
¡Sabrás que todo es el Eterno Ahora, cuando seas maduro!

Existen campos morfológicos atrayentes, invisibles, pero poderosos y reales en el vivir,

Operan en el otro extremo del espectro; es lo que te hace sentir.

El tesoro mundano que deseas, está en los oscuros recovecos de la cueva del subconsciente: no te atrevas a entrar,

Lo que no te gusta en otro, es aquello que no has reconocido en tu núcleo y aun no quieres aceptar.

Tu equipaje histórico, la historia que te cuentas a ti mismo, es todo una historia inventada e imaginaria,

La narrativa te hace vivir tu vida como una víctima o la vuelve extraordinaria.

Atravesarás los numerosos retos de la vida, matarás a los demonios de la sombra, te enfrentarás a tus miedos más profundos y los vencerás,

Después de todo, hay una razón y un propósito que es exclusivamente tuyo; de lo contrario, ¡no estarías acá!

Las palabras que afirman, pueden crear una alquimia mágica en lo más profundo del subconsciente,

Te sacará del bucle, de ese ciclo que puede llegar a ser vicioso y decadente.

Si le permites prosperar; seguramente tu vida salvará,

Si lo reprimes y no lo dejas salir, antes de tiempo de enterrará.

Estás en esta energía, y esta energía es una contigo,

Ponte en contacto con ella, permite que a la verdad te lleve consigo

Asegúrate de deshacerte de todo tu equipaje del pasado, deja que tus raíces sean profundas,

No hay resentimiento por hechos pasados, así que no hay nada que barrer bajo alfombras infecundas.

Resistirse a la vida es inútil, crea todo tipo de problemas emocionales,

Tus juicios y apegos a conceptos, ideas y objetos, te harán pagar con inmensas cuotas sentimentales.

Desde que eres un bebé, tu subconsciente está programado para moverse hacia el placer y alejarse de las dolencias,

Perder algo que causa dolor eclipsará, ¡aquello que en el futuro podría ser una ganancia!

Es una visión que sólo tú puedes ver en el ojo de tu mente,

Tu visión tiene que tomar la semilla en la tierra, florecer y dar frutos antes de irte permanentemente.

La tristeza y la depresión es una forma en la que tu alma te avisa que tu mente está atascada en un hecho del pasado,

Regurgitar el evento en tu mente una y otra vez, ¡buscando un cambio porfiado!

Cada movimiento y decisión en la vida te lleva a una nueva aventura, a una nueva dirección,

Si no tienes cuidado, te perderás y vivirás tu vida como una proyección.

No cometas el mayor error de las adicciones, auto medicarte,

Podrías empezar a alucinar, y entonces podría ser demasiado tarde.

No sólo hay que hacer una limpieza corporal, sino también de lo digital y de las redes sociales hacer un detox,

Encierra tu teléfono móvil, aléjate de la comida basura, evita los medios de comunicación... ¡guarda tu Xbox!

Baja autoestima camuflada de confianza y escondida a los ojos,

¿Pretendiendo ser más santo que tú, presumiendo de ser poderoso y valeroso?

Te cuesta disfrutar de tu vida, ser feliz, jugar y reír alegremente,

Cuando, en el fondo, existe esa sensación de que no eres suficiente.

Todos los tesoros y oportunidades se abren ante ti, pero siempre hay algo que mantiene encerrada,

Si no te has planteado las grandes preguntas, no has crecido hasta convertirte en la mejor versión de ti mismo: la vida te dará una bofetada.

En esta realidad de tiempo y espacio, no se puede gestionar lo que no se puede medir,

La medición te avisará cuando estés cerca de tu tesoro conseguir.

Lo que normalizas, es más fácil de manifestar y realizar,

Lo que quieres o deseas, desde una baja conciencia, te falta: ¡mucho más difícil de materializar!

La misma conciencia con la que operas, no puede resolver los problemas, y simplemente no encaja,

Es como un pez en el agua, no conoce nada mejor, ¡siempre está rodeado y como encerrado en una caja!

No puedes ser tu propio psicólogo, mentor o sanador, porque estás rodeado de tu propia agua,

Es fácil que otra persona vea tus debilidades y defectos, dirigirte hacia los protocolos apropiados, ponerte en un nuevo camino que será importante.

Un entrenador te empujará suavemente a un salto de fe dar,

Deshazte de aquello que procrastinas y de tu hábito de esperar.

Observa y te darás cuenta de que la gente actúa como, una versión baja de sus propias caricaturas personales,

Son como los zombis andantes de las películas, sin visión ni dirección, y simplemente torpes sin modales.

La depresión causa desesperación; en la vida, pone un enorme bloqueo a su progresión y brillo

La vida se vuelve sombría, tensa, se camina sobre cáscaras de huevo: como la hoja afilada de un cuchillo.

Una persona de alta conciencia, permanentes riquezas y éxito adquirirá,

La baja conciencia hará que la gente pierda incluso lo que tiene, todo desaparecerá.

La alta conciencia en las personas, hace que se centren en el crecimiento y la contribución,

Las personas de baja conciencia gastan su energía en celos y retribución.

Una vida con sentido: no es ser rico, popular, famoso, educado o aspirar a la perfección,

Se trata de ser reales, humildes, capaces de compartir nuestros dones... ¡tocar, conmover, inspirar nuestra humana condición!

Cuando persigues un estatus y unos recursos poco saludables, esa energía huirá de ti,

Cuando te conviertas en lo que persigues y lo encarnes, todos te buscarán a ti.

Sé el autor de tu propio viaje de aventuras y de la historia de tu propia narración,

Vive una vida larga y plena, de éxito y plenitud ahora, para que luego no vivas en aflicción.

Tu fuerza depende del eslabón más débil de tu cadena,

El conocimiento y la sabiduría que persigues, que buscas, es lo que ganas.

Estás conectado con tu núcleo, estás conectado con tu propósito y finalidad,

No te definen los márgenes de tu cuerpo, sino de tu alma la inmensidad.

Tu mentalidad no describe tu realidad—la crea,

Es la energía donde todas las complejidades se unen, se enredan y se encuentran.

La energía masiva de lo salvaje, contenida y repetida en sus más pequeñas partes,

Si se juntan en armonía, se tiene una hermosa naturaleza, música y arte.

La mayoría de las personas tratan de encajar en un molde, donde el amor no es transformador sino transaccional,

La verdad de quién eres, no quién crees que deberías ser, ¡eso es personal!

Tener una mentalidad de crecimiento, una mente de principiante, estar inmerso; totalmente comprometido y algo nuevo aprendiendo,

Dejemos que el mundo sea lo que es ahora mismo, que siga girando, dando vueltas y evolucionando.

La verdad es constante, no debe ser un objetivo abigarrado,

El comercio es la deidad moderna, y lo que predica es el mercado.

Tus esperanzas y sueños son frágiles, como un diente de león que el viento dispersa completamente,

Quién sabe hasta dónde pueden volar y florecer, así que por ahora escóndelos en la mente.

La empatía, bien entendida, es lo contrario de la utopía,
Si no entiendes esto, vivirás en una Distopía.

El peligro es la proliferación de muchas organizaciones que se vuelven rígidas, ¡causando un asalto social!

Ya sabes que la definición de locura es hacer lo mismo una y otra vez y esperar un resultado desigual.

Cuando ves la naturaleza como un otro, algo que hay que dominar, algo que hay que conquistar,

Un gran número de especies se están extinguiendo, los hábitats están desapareciendo y no tienen por dónde andar.

El cambio climático provocado por el ser humano, la deforestación, han causado que el medio ambiente sea un averno,

Los hombres fuertes y los oportunistas están saliendo de las sombras y se están apoderando del gobierno.

En Occidente, la obsesión por hacer es extrema, la gente incluso te saluda diciendo: "¿Qué haces? "

En Oriente, las dos manos juntas cerca del corazón, "Namasté"; la luz que hay en mí, ¡también en ti nace!

Llevar a una persona del dolor y el sufrimiento a la gloria,

¿Para quién quieres ser el héroe en tu historia?

Levántate, mueve tu energía, pon tu cuerpo en movimiento,

Baila y flota como una ola, en medio del océano azul temulento.

Deja que el espíritu te guíe hacia la naturaleza, hacia la conciencia matizada de los diferentes niveles de dimensiones,

Que te lleven a lejanas tierras y constelaciones.

Quiero que me crezcan alas, alas enormes, para poder elevarme más alto; acercarme a donde vuelan las águilas en su aleteo,

Cómo el día se convierte en noche, todo ocurre en un pestañeo....

56. Homenaje a la abeja (Oda a la abeja)

Vivimos en tiempos rápidos, en la tierra de la leche y la miel,
En lugar de sentir la utopía, la gente persigue el fantasma del dinero de papel.
Están estresados y zumban todo el día como abejas,
Sin embargo, sin las abejas, la economía se iría por las canaletas.

En la naturaleza hay armonía, y de nosotros depende que todo encuadre,
Hay un orden y un equilibrio silencioso y hermoso... como si todo naciera de Gaia—la madre.
La respuesta a todo, y la verdadera solución y esencia,
Es la pequeña y poderosa criatura—la dulce y ocupada abeja...

La próxima vez que comas, recuerda quién ayudó a polinizar los árboles y las plantas,
Sé consciente y recuérdales a los demás: ¡toda la contaminación que ponen en el medio ambiente, es algo que nos mata

57. !Se trata de ti!

Deja que el amor sea de tu alma un ancla axial,
Permite que la compasión sea su objetivo principal.

Alguien creativo, un artista, sin la ayuda de los cinco sentidos puede ver,
Dibuja, pinta, actúa en obras de teatro, canta, toca música y con bailes se puede mover.

No te quedes en la desesperación sin un motivo real interno,
No es tu culpa, es sólo el cerebro izquierdo.

Tienes millones de años de prueba y error en la evolución y el laboratorio de la naturaleza,
Hay un poder dentro de ti —que está casi siempre dormido— que puede crear tu propia leyenda.

La vida sube y baja, pero a veces parece que se mantiene uniformemente,
¿No es lo mismo que cuando el corazón deja de latir y la gente vive sólo de su mente?

Transición para desprenderse de su vieja piel, de lo rancio, del desorden, de lo que no es funcional,
Una actitud de gratitud es muy importante para la curar de manera mental, física y emocional...

58. Cuan hermoso

Es un nuevo día, el sol ha salido y dispersó el vahído
Estamos bien descansados, listos para ir a escalar
El universo sonríe cuando los niños pueden jugar
La abundancia prevalece, la felicidad reina.
La gente se conecta, el amor estalla, la fuente es Una y eterna...
Cuan hermosos son los rayos del sol que calientan la piel con un brillo dorado.
El canto de los pájaros y el balanceo de las ardillas en los árboles de durazno,
¿Cuán hermosa es la naturaleza en su esplendor?, es una larga historia...
¿Cuán hermoso es un recién nacido cuando llora?
La ternura del beso de una madre.
El alma colectiva que pertenece a todos, la naturaleza fractal holográfica de todas las cosas...

59. La flecha de Cupido

Te veo en el ojo de mi mente, te veo a través de la niebla brumosa
Te veo a través de los relámpagos, la lluvia y los truenos
Te veo a través de la ventisca, las inundaciones y los torbellinos
¿Es el amor, la lujuria o la pasión lo que nos ha unido?

Cabello suave, piel, labios, belleza y elegancia es el único fin conocido,
Baila a través del viento, y abraza las nubes
Rueda sobre las arenas del océano, balancéate junto a la luna...
Me gusta tu acento, tu forma de vestir, tu sonrisa, tus estilos,
Me gusta cuando me susurras cosas dulces al oído, y nos reímos...

Nuestros ojos se abrazan, Cupido lanza la flecha

Dejamos que nuestros labios hagan todo el trabajo, estamos presentes en el momento que acecha

El universo fluye como las olas del océano, nosotros permanecemos en constante movimiento...

La flecha de Cupido da en el blanco—y nos convertimos en uno.

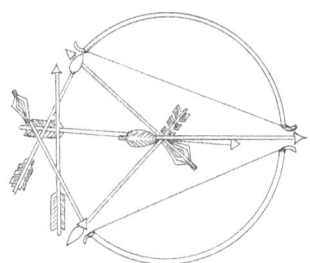

60. Vamos a lo personal

Dime, ¿cómo se rompió tu corazón en mil pedazos?
¿Te abandonaron de niño y te echaron de muchos brazos?
¿Alguien te ha enseñado lo que es la verdadera paz?
¿La flecha de Cupido apuntó al blanco, pero no pudo acertar?
¿El acosador te hirió usando blasfemias y palabras como ladrillos?
¿Te sentiste miserable en el camino a la escuela en esos autobuses amarillos?
¿Su familia ha pasado por muchos altibajos y pérdidas?
¿Por la noche, hombre del saco, te ha enseñado donde está la herida?
¿Te llenaron, en la escuela dominical, con historias del Antiguo Testamento?
¿Tu padre siempre se quejaba del trabajo y del endeudamiento?
¿Eres consciente, ahora, para qué vives y cuál es tu aspiración?
¿Sabe cuál es tu visión, tu misión y tu motivación?